VERSION ORIGINALE +

Méthode de français | Cahier d'exercices

Laetitia Pancrazi

Editions Maison des Langues, Paris

UNITÉ 1

7

1. **Les nouvelles du matin.** Comprendre et commenter les actualités.

2. **Sept milliards de Terriens…** Utiliser la nominalisation et les propositions complétives – Comprendre et commenter un article.

3. **Les grands titres.** Comprendre et compléter un article. Associer les titres et les chapeaux d'articles de presse.

4. **L'image du jour.** Compléter la une d'un journal – Rédiger un court article.

5. **Une déclaration.** Utiliser les verbes introducteurs du discours rapporté et la concordance des temps – Comprendre et commenter des citations sur le thème de la presse et du journalisme.

6. **Un recrutement original.** Rédiger une lettre de motivation.

7. **La loi de Murphy.** Comprendre une interview – Utiliser le discours rapporté.

8. **Le petit rapporteur.** Classer les verbes introducteurs du discours rapporté.

9. **Les mots de la presse.** Expliquer et utiliser le lexique de la presse et des médias.

10. **Liberté de la presse ?** Faire des recherches sur le site de *Reporters sans frontières* – Commenter la situation de la liberté de la presse au niveau international.

UNITÉ 2

15

1. **La CNIL.** Comprendre une interview.

2. **Quel est votre profil numérique ?** Dresser son profil numérique à partir d'un test – Utiliser les structures avec « si ».

3. **Si je n'avais pas publié ces photos…** Comprendre une lettre de licenciement - Utiliser les structures avec « si ».

4. **Où sont tous mes amis ?** Comprendre une émission littéraire – Décrire son profil d'utilisateur de réseaux sociaux.

5. **La chute de la maison Usher.** Repérer les verbes au passé simple dans un texte littéraire – Remplacer le passé simple par le passé composé.

6. **La mauvaise réputation.** Utiliser le passé simple et comparer une biographie au passé et au présent.

7. **Le candidat 2.0.** Utiliser le lexique d'Internet et des nouvelles technologies.

8. **Les mots du web.** Répondre à un questionnaire sur le lexique d'Internet et des nouvelles technologies.

9. **Les tweets de la classe.** Créer un profil sur le réseau Twitter et échanger des messages en français.

UNITÉ 3

23

1. **L'apithérapie.** Comprendre une émission de radio – Remplir une fiche descriptive – Présenter à l'oral un produit ou une pratique à vertus médicales.

2. **Conseils santé.** Décrire les propriétés d'un aliment – Donner des conseils.

3. **Manger bio.** Comprendre et commenter des données – Faire une synthèse.

4. **La clé du bonheur.** Comprendre une conversation – Commenter des données.

5. **Le médecin dont je t'ai parlé.** Utiliser les pronoms relatifs.

6. **C'est bon pour la santé !** Utiliser les pronoms relatifs - Rédiger une définition.

7. **Une recette miraculeuse.** Comprendre et élaborer une recette à propriétés thérapeutiques.

8. **Une charte Internet.** Comprendre et compléter une charte.

9. **Mon réseau de mots.** Constituer un réseau du lexique de l'alimentation et de la santé.

10. **C'est pas des salades !** Comprendre et utiliser des expressions idiomatiques.

11. **Le magazine de la santé.** Comprendre un reportage télévisé sur un thème de santé. Poser des questions sur un site de conseils santé.

UNITÉ 4

31

1. **Les Français et les jeunes.** Comprendre des opinions et commenter des données – Demander et donner un avis.

2. **La liste de doléances.** Utiliser la comparaison – Établir une liste de réclamations / revendications.

3. **Que pensent-ils de leurs aînés ?** Comprendre des témoignages – Choisir et utiliser des connecteurs d'opposition.

4. **Juniors Vs seniors.** Utiliser les connecteurs d'opposition.

Sommaire

5. 60 ans. S'exprimer au futur – Parler de l'avenir.

🔊 **6. La place des anciens.** Comprendre un reportage radio – Comprendre et commenter une citation – Donner son opinion.

7. Les synonymes. Utiliser des adjectifs – Faire un portrait.

8. Politiquement correct. Comprendre et utiliser des expressions françaises.

9. Et dans votre langue ? La place du « politiquement correct ».

10. Rencontres du troisième âge. Faire des recherches sur le thème des relations intergénérationnelles – Rédiger un exposé.

UNITÉ 5   39

🔊 **1. Question de clichés !** Comprendre un reportage radio sur le thème des stéréotypes.

2. Où est mon béret ? Comprendre et utiliser l'ironie.

3. Discriminations. Reconnaître et transformer des structures à sens passif.

4. Sans se laisser faire ! Utiliser des structures à sens passif.

5. Ni ni ! Utiliser les structures négatives et la restriction.

🔊 **6. Le testing.** Comprendre un reportage radio sur le thème des discriminations.

7. Humour(s). Comprendre et commenter différents types d'humour.

8. Mon réseau de mots. Constituer un réseau sur le lexique de la discrimination – Rédiger une définition.

9. Cherchez l'intrus. Identifier des synonymes en langage familier.

10. Et dans votre langue ? Traduire des phrases en langage familier.

11. L'UNESCO. Préparer un diaporama et le présenter.

UNITÉ 6   47

🔊 **1. La vie après l'école.** Comprendre des témoignages.

2. L'égalité des chances. Comprendre et réagir à un article – Rédiger un texte argumentatif.

3. Question d'accords. Faire et commenter les accords du participe passé au passé composé.

4. Un parcours exemplaire. L'accord du participe passé – Réécrire un texte au passé .

🔊 **5. Une éducation alternative.** Comprendre un reportage radio sur les pédagogies alternatives – Donner son opinion et argumenter.

6. C'est pourquoi ? Utiliser les structures de l'expression du but.

7. Ni remords ni regrets. Comprendre et différencier des regrets et des reproches.

8. L'histoire nous jugera ! Identifier et présenter des personnages célèbres réhabilités ou ayant eu une deuxième chance.

9. C'est sympa ! Traduire des abréviations en langage standard.

10. Langage SMS. Traduire des textos en langage standard.

11. On passe le DELF ! S'informer sur les examens et diplômes officiels français.

UNITÉ 7   55

🔊 **1. Indignés.** Comprendre et compléter un article sur un thème d'actualité. Comprendre un reportage radio.

2. Un premier emploi. Utiliser les connecteurs de cause – Comprendre et rédiger une lettre ouverte.

3. Suite à un mouvement de grève… Utiliser les connecteurs de cause et de but.

4. Tous ensemble ! Comprendre et compléter un article – Utiliser les indéfinis – Argumenter.

🔊 **5. Une journée de mobilisation pour l'école.** Les emplois du subjonctif – Comprendre des témoignages.

6. PACITEL. Les emplois du subjonctif – Comprendre et réagir à un article – Comprendre et compléter des commentaires.

7. Une surtaxe intolérable. Former et utiliser des mots à partir de préfixes.

8. Les mots de la manif. Le lexique des mouvements sociaux.

9. Devenez cybermilitant ! S'informer sur le cybermilitantisme – Rédiger une lettre engagée.

UNITÉ 8   63

1. Héros ordinaires. Comprendre et commenter des articles – Rédiger le portrait d'un « héros ordinaire ».

🔊 **2. Hiver 54.** Comprendre un reportage radio – Expliquer une motivation – Argumenter.

3. SOS Assos ! Rédiger un texte argumentatif.

4. En toute logique. Utiliser les articulateurs logiques.

5. L'assemblée générale. Comprendre et compléter une lettre avec des articulateurs logiques.

6. Les figures de style. Identifier et expliquer des figures de style.

🔊 **7. Chanson d'automne.** Identifier et prononcer des allitérations et des assonances dans un poème.

8. Des auteurs engagés. Associer des citations littéraires à leurs auteurs et à leurs contextes historiques.

9. Méli-mélo de l'engagement. Reconnaître et réutiliser le lexique de l'engagement – Comprendre et compléter des définitions.

10. Jouer avec la poésie et l'absurde. Poser des questions absurdes et y répondre

UNITÉ 9   71

🔊 **1. Une visite à Bordeaux.** Sélectionner des informations à partir de plusieurs documents - Comprendre des critères de sélection.

2. Patrimoines de l'humanité. Situer et classer des biens culturels – Argumenter.

🔊 **3. Tourisme culturel.** Comprendre des témoignages – Décrire son profil comme touriste.

4. Qu'en pensez-vous ? Exprimer une appréciation sur un sujet donné.

5. La Pompimobile. Comprendre et commenter un article – Comprendre et reformuler une argumentation – Utiliser le subjonctif.

🔊 **6. Picasso et les maîtres.** Comprendre une visite guidée – Reconnaître et utiliser les connecteurs d'opposition et de concession.

7. Tout contre. Utiliser les connecteurs d'opposition et de concession.

8. On expose ! Exprimer une appréciation – Argumenter.

9. J'aurais voulu être un artiste. Le lexique de l'art.

10. Je trouve ça génial ! Le lexique de l'appréciation.

11. D'art d'art. Comprendre une vidéo sur une œuvre d'art – Présenter et commenter, de façon simple, une œuvre d'art.

UNITÉ 10   79

🔊 **1. Musiques du monde.** Écouter un reportage radio – Exprimer une opinion.

2. Les lettres persanes. Comprendre un texte littéraire – Décrire des différences culturelles.

🔊 **3. Ailleurs…** Comprendre une interaction – Manipuler des concepts et décrire sa propre conception de l'exotisme..

4. « Je » est un autre. Dégager une problématique.

5. Carnet de voyage. Choisir des indicateurs temporels.

🔊 **6. À couper le souffle.** Reconnaître et utiliser différentes intonations pour exprimer des sentiments.

7. Les figures de style. Comprendre et utiliser les différentes figures de style.

8. Récit de voyage. Faire un récit au passé – Réécrire un texte au passé simple.

9. Par les sentiments. Le lexique des sentiments.

10. Un monde de sensations. Le lexique des sensations.

11. Le plus bel endroit du monde. Décrire le plus bel endroit du monde.

ANNEXES   87

Culture

Transcriptions des enregistrements

1. LES NOUVELLES DU MATIN

A. Écoutez le dialogue suivant et dites à quelles nouvelles il fait référence.
Relevez le maximum d'informations sur chacune d'elles.

a : ....

b : ....

c : ....

B. Donnez un titre aux informations entendues.

a : ....

b : ....

c : ....

C. Et vous quelle information vous a marqué ces derniers jours ?
Pourquoi ? Enregistrez-vous et remettez
l'enregistrement à votre professeur.

....

....

....

....

....

....

....

....

2. SEPT MILLIARDS DE TERRIENS...

A. Remplacez les verbes et adjectifs suivants par les formes nominales qui leur correspondent.

1. Naître : ....

2. Féliciter : ....

3. Attentif : ....

4. Curieux : ....

5. Croître : ....

6. Progressif : ....

7. Estimer : ....

8. Prévoir : ....

9. Exact : ....

10. Divers : ....

11. Partager : ....

B. Complétez l'article suivant avec les mots formés précédemment.

SEPT MILLIARDS DE TERRIENS...

La planète Terre a franchi lundi 31 octobre 2011 le cap des sept milliards d'habitants, selon les .... de l'ONU. Un chiffre synonyme de nombreux défis dans un monde où le .... des ressources semble de plus en plus inégal et le respect de la .... de plus en plus problématique.

Difficile de savoir avec .... où est né le sept milliardième être humain. En effet, plusieurs pays le revendiquent, dont les Philippines qui ont annoncé en premier la .... à Manille d'une petite fille, Danica. Ses parents ont reçu les .... des représentants des Nations Unies qui ont promis une bourse d'étude pour la fillette. De son côté, l'ONG britannique Plan International, a désigné une petite fille née en Inde, dans la région de l'Uttar Pradesh. Autre .... : deux régions russes –le Kamtchatka et Kaliningrad – ont aussi revendiqué lundi la naissance du sept - milliardième humain.

Cet événement est l'............................ pour l'ONU d'attirer l'............................ sur les défis de la .... démographique. Selon l'UNFPA (Fonds des Nations unies pour la population), les Philippines sont le douzième pays le plus peuplé du monde, avec 94,9 millions d'habitants -dont 54 % ont moins de 25 ans. La Chine est le pays le plus peuplé, avec 1,35 milliard d'habitants, suivi par l'Inde, qui en compte 1,24 milliard.

La population mondiale devrait continuer sa .... selon les .... jusqu'à atteindre plus de 10 milliards à la fin du siècle.

C. Lisez le commentaire suivant et remplacez les noms soulignés par des propositions complétives.

C'est vrai qu'il y a beaucoup de défis à relever pour l'avenir de la planète et de l'humanité. Mais pour obtenir une diminution des inégalités il faut surtout un changement dans les mentalités. Quel futur pour les enfants qui naissent aujourd'hui ? Quel avenir pour les relations nord-sud ? Quel monde allons-nous laisser à nos enfants ? Nous attendons des réponses claires des politiques à ces questions !

Marthe, 42 ans, Lyon.

diminution : ....
....

changement : ....
....

réponses : ....
....

D. Vous aussi, réagissez à cet article et rédigez un commentaire sur votre cahier.

3. LES GRANDS TITRES

Complétez chaque article avec le titre et le chapeau qui lui correspondent.

La politique de l'enfant unique va continuer dans le pays le plus peuplé au monde.

Sauvetage en Corse : Florence Arthaud repêchée au large du Cap Corse.

Certains propriétaires profitent de la crise du logement pour vendre des studios à des prix indécents...

Poursuite de la politique de l'enfant unique en Chine.

Un studio de 3 mètres carrés mis en vente à 29 000 euros.

La navigatrice française est tombée à la mer alors qu'elle atteignait sur son voilier le nord de la Corse.

TITRE

CHAPEAU

L'annonce a été publiée, ce dimanche, dans les médias publics chinois. Mise en place en 1979, cette mesure de planning familial très stricte est la cible de nombreuses critiques.
« La surpopulation reste l'un des principaux défis pour le développement économique et social », a affirmé le directeur de la Commission d'État pour la population et le planning familial, Li Bin.
Selon cette commission, la population chinoise - aujourd'hui composée de 1,3 milliard d'habitants- atteindra 1,45 milliard en 2020.

TITRE

CHAPEAU

À Paris, les étudiants doivent lutter pour espérer trouver un studio ou une chambre de bonne minuscule. L'état de ces logements est souvent déplorable mais les prix ne baissent pas pour autant... On peut prendre pour exemple ce studio situé dans le 9ème arrondissement, d'une surface de 3 mètres carrés et vendu à 29 000 euros ! Le texte de l'annonce assure le client du « calme » du quartier… À ce prix là, il faut vraiment aimer le calme !

TITRE

CHAPEAU

Florence Arthaud est tombée à l'eau, aux alentours de minuit, alors qu'elle naviguait au large de la Corse. Elle a été récupérée par les secours en état d'hypothermie et transportée à l'hôpital de Bastia. Selon l'AFP, son état de santé « n'inspire pas d'inquiétude ».
La navigatrice a pu prévenir les secours grâce à un téléphone portable étanche qu'elle avait sur elle. Ces derniers ont pu la localiser grâce à son GPS.

4. L'IMAGE DU JOUR

A. Observez cette une de journal et imaginez les informations en vous aidant des images.

B. Donnez pour chaque image entourée un titre et complétez la une du journal.

C. Choisissez l'une de ces trois images et inventez un court article qui l'illustre.

....

....

....

....

5. UNE DÉCLARATION

A. Réecrivez, sur votre cahier, les déclarations suivantes en choisissant le verbe introducteur qui convient le mieux.

« Le journalisme est un métier où l'on passe la moitié de sa vie à parler de ce qu'on connaît pas et l'autre moitié à taire ce que l'on sait. » **Henri Béraud.**

▦ Confier
▦ Proposer

« Tout journaliste entendu comme témoin sur des informations recueillies dans l'exercice de son activité, est libre de ne pas en révéler l'origine. » **Article 109 du Code de procédure pénale.**

▦ Souligner
▦ Informer

« Ce sont les journalistes qui m'ont fait la réputation d'un ivrogne: ce qui est curieux, c'est qu'aucun d'entre eux n'a jamais réalisé que si je buvais beaucoup en leur présence, c'était uniquement pour les supporter. » **Michel Houellebecq.**

▦ Révéler
▦ Estimer

« Le journaliste est un interprète de la curiosité publique. » **Bernard Pivot.**

▦ Insister
▦ Déclarer

« Si la presse n'existait pas, il faudrait ne pas l'inventer. » **Honoré de Balzac.**

▦ Estimer
▦ Raconter

« J'appelle "journalisme" tout ce qui sera moins intéressant demain qu'aujourd'hui. » **André Gide.**

▦ Déclarer
▦ Signaler

B. Rapportez ces citations au discours indirect en faisant les transformations nécessaires.

1. Henri Béraud a confié que ....

2. ....

3. ....

4. ....

5. ....

6. ....

C. Choisissez parmi les citations précédentes celle avec laquelle vous êtes le plus en accord ou en désaccord. Dites pourquoi.

....

....

6. UN RECRUTEMENT ORIGINAL

Vous vous rendez à la journée de recrutement d'enseignants organisée par Pôle Emploi (voir **Livre de l'élève**, p.14). Préparez, sur une feuille à part, votre lettre de motivation : vous expliquerez comment vous avez entendu parler de ce recrutement, quelle est votre formation / expérience professionnelle, quelle(s) discipline(s) vous pourriez enseigner, etc. N'oubliez pas de respecter les codes de la lettre formelle.

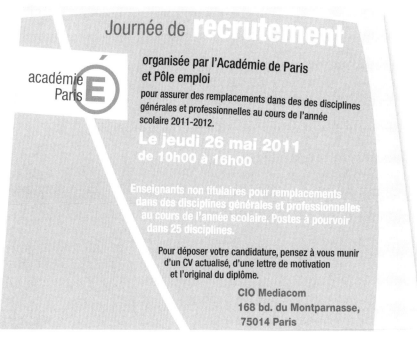

Journée de **recrutement**

organisée par l'Académie de Paris et Pôle emploi

pour assurer des remplacements dans des des disciplines générales et professionnelles au cours de l'année scolaire 2011-2012.

académie Paris **É**

Le jeudi 26 mai 2011 de 10h00 à 16h00

Enseignants non titulaires pour remplacements dans des disciplines générales et professionnelles au cours de l'année scolaire. Postes à pourvoir dans 25 disciplines.

Pour déposer votre candidature, pensez à vous munir d'un CV actualisé, d'une lettre de motivation et l'original du diplôme.

CIO Mediacom
168 bd. du Montparnasse,
75014 Paris

Piste 02

7. LA LOI DE MURPHY

A. Écoutez cette interview du scientifique Robert Matthieu et dites si les affirmations suivantes sont vraies ou fausses.

1. Robert Matthieu a dit que la tartine faisait un tour complet avant de tomber. ▓V ▓F
2. Il a dit la chute de la tartine dépendait du type de pain. ▓V ▓F
3. Il a dit la chute de la tartine était une conséquence de l'évolution de l'espèce humaine. ▓V ▓F
4. Il a dit que la chute de la tartine dépendait exclusivement de la hauteur de la table. ▓V ▓F
5. Il a dit que la chute de la tartine ne dépendait pas du hasard. ▓V ▓F
6. Il a dit que la chute de la tartine du côté du beurre était inévitable. ▓V ▓F

B. Reprenez les déclarations de Robert Matthieu (sous forme négative si nécessaire) en remplaçant le verbe « dire » par d'autres verbes introducteurs.

1. Il a déclaré que la tartine ne faisait pas un tour complet avant de tomber.

2. ....

3. ....

4. ....

5. ....

6. ....

8. LE PETIT RAPPORTEUR

A. Classez les verbes de la liste dans les bulles ci-dessous. Complétez ces dernières avec les autres verbes introducteurs du discours rapporté vus dans l'unité.

souligner   espérer   estimer   expliquer   s'exclamer   affirmer   encourager

verbes déclaratifs

verbes non déclaratifs

B. Comment diriez-vous les phrases suivantes dans votre langue ?

1. « C'est une information importante », a commenté un journaliste.

....

2. Les critiques s'enthousiasment pour le dernier film de ce réalisateur.

....

3. Le Ministre affirme qu'il s'agit d'une mesure nécessaire.

....

9. LES MOTS DE LA PRESSE

A. Expliquez le sens de ces mots rencontrés dans l'unité et proposez-en une traduction.

- Un édito : ....
- Un papier : ....
- Un quotidien : ....
- Un hebdo : ....
- La une : ....
- Une revue de presse : ....
- Le tirage : ....
- La presse : ....
- La source : ....

B. Complétez ce texte à l'aide des mots de l'activité A.

Libération est un journal très connu pour ses .... souvent drôles et originales. Ce .... est l'un des plus importants de la .... française, avec un .... de plus de 100 000 exemplaires par jour.

10. LIBERTÉ DE LA PRESSE ?

A. Dans quels pays selon vous la presse est la plus libre ? Et la moins libre ?
D'après vous, quel rang occupe votre pays par rapport aux autres ? Quelle est la position de la France ?

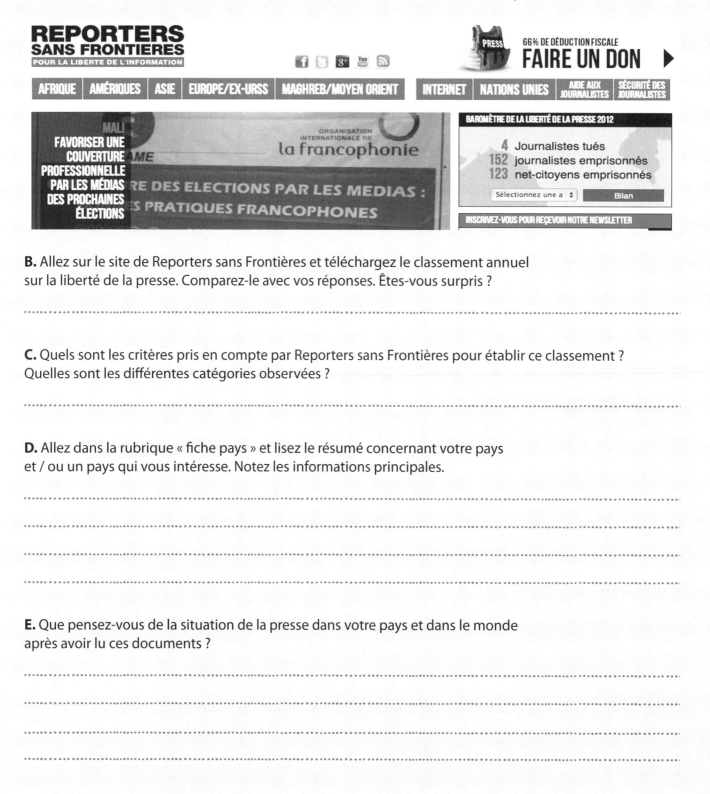

B. Allez sur le site de Reporters sans Frontières et téléchargez le classement annuel
sur la liberté de la presse. Comparez-le avec vos réponses. Êtes-vous surpris ?

....

C. Quels sont les critères pris en compte par Reporters sans Frontières pour établir ce classement ?
Quelles sont les différentes catégories observées ?

....

D. Allez dans la rubrique « fiche pays » et lisez le résumé concernant votre pays
et / ou un pays qui vous intéresse. Notez les informations principales.

....

....

....

E. Que pensez-vous de la situation de la presse dans votre pays et dans le monde
après avoir lu ces documents ?

....

....

....

....

1. LA CNIL

Piste 03

A. Écoutez l'interview et répondez aux questions.

Quel est le nom complet de la CNIL ? ....

Quel est son objectif ? ....

....

Quelles sont ses principales fonctions ? ....

....

....

Combien de plaintes et de contrôles traite-t-elle chaque année ? ....

Quels types de sanctions peut-elle appliquer ? ....

....

....

Quels sont les droits des citoyens sur leurs données informatisées ? ....

....

....

L'usager qui refuse d'apparaître dans un fichier doit-il se justifier ? ....

Comment contacter la CNIL ? ....

....

B. En une phrase, proposez une définition personnelle de la CNIL à l'aide des informations entendues.

....

....

....

C. Existe-t-il une institution équivalente dans votre pays ? Si oui, quelles sont ses fonctions ?

....

....

....

....

....

2. QUEL EST VOTRE PROFIL NUMÉRIQUE ?

A. Faites le test suivant afin de dresser votre profil numérique.

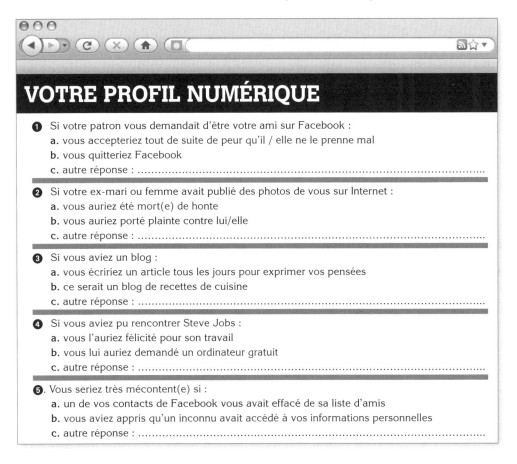

VOTRE PROFIL NUMÉRIQUE

❶ Si votre patron vous demandait d'être votre ami sur Facebook :
  a. vous accepteriez tout de suite de peur qu'il / elle ne le prenne mal
  b. vous quitteriez Facebook
  c. autre réponse : ....

❷ Si votre ex-mari ou femme avait publié des photos de vous sur Internet :
  a. vous auriez été mort(e) de honte
  b. vous auriez porté plainte contre lui/elle
  c. autre réponse : ....

❸ Si vous aviez un blog :
  a. vous écririez un article tous les jours pour exprimer vos pensées
  b. ce serait un blog de recettes de cuisine
  c. autre réponse : ....

❹ Si vous aviez pu rencontrer Steve Jobs :
  a. vous l'auriez félicité pour son travail
  b. vous lui auriez demandé un ordinateur gratuit
  c. autre réponse : ....

❺. Vous seriez très mécontent(e) si :
  a. un de vos contacts de Facebook vous avait effacé de sa liste d'amis
  b. vous aviez appris qu'un inconnu avait accédé à vos informations personnelles
  c. autre réponse : ....

B. Lisez les résultats du test et sur le modèle du profil 1 complétez le profil 2 et inventez le profil 3.

PROFIL 1

Majorité de a :
Si Internet n'existait pas, vous l'inventeriez ! Vous êtes totalement accro à votre ordinateur et si vous passez quelques heures loin de votre écran, vous ne vous sentez pas très bien. Vous avez des comptes sur *Facebook*, *Twitter* que vous actualisez en permanence depuis votre smartphone, vous avez retrouvé TOUS vos camarades de primaire sur *Copains d'avant*, vous avez ouvert 4 blogs différents et regardez en permanence les informations en ligne.
Notre conseil : prenez des vacances sur une île déserte, sans électricité ni wi-fi !

PROFIL 2

Majorité de b : Vous êtes un utilisateur méfiant, vous n'aimez pas donner d'informations personnelles en ligne : vous savez que vos mouvements sur Internet sont conservés à des fins commerciales, que les patrons googlisent leurs employés et que votre ex-mari / femme vous suit à la trace sur les réseaux sociaux. Alors si vous devez faire un achat, ... et si vous pouviez écrire une lettre au lieu d'envoyer un mail, ...
Notre conseil : relaxez-vous et évitez de devenir trop parano, il faut bien vivre avec son temps !

PROFIL 3

Majorité de c : Vous êtes ....
....
....
....
....
....
....
....
....
....
....
....
Notre conseil :.............................
....
....
....
....

3. SI JE N'AVAIS PAS PUBLIÉ CES PHOTOS…

A. Lisez la lettre suivante et répondez aux questions.

• Quel est le motif de cette lettre ? ....

• Pourquoi M. Vian a-t-il été licencié ? ....

• Selon vous, ces faits constituent-ils une faute grave ? Pourquoi ? ....

VO S.A
12, rue de Santeuil
75005 Paris

Paris, le 4 juin

Monsieur Vian
10 rue Lecourbe
75015 PARIS

Objet : licenciement pour faute grave

Au cours de notre entretien préalable en date du 24 mai, nous vous avons demandé de vous expliquer sur les agissements dont vous avez été l'auteur, à savoir : publication de photos compromettant la bonne réputation de l'entreprise sur un site Internet.

Ces faits constituent une faute grave. Nous sommes donc contraints de mettre fin à votre contrat de travail, votre attitude rendant impossible la poursuite de votre activité professionnelle au sein de notre entreprise.

Nous vous notifions par la présente votre licenciement pour faute grave qui prend effet immédiatement, sans préavis ni indemnités.

Votre certificat de travail et votre attestation d'Assedic sont à votre disposition, ainsi que votre bulletin de salaire et l'indemnité compensatrice de congés payés qui vous est due à ce jour.

Veuillez agréer, Monsieur Vian, nos salutations distinguées.

Boris Camus
Directeur du personnel

B. Le licenciement de M. Vian provoque de nombreux commentaires.
Complétez les phrases suivantes.

• **Le représentant syndical :** Si M. Vian avait fait appel à nous ....

• **Le PDG :** Si nos actionnaires apprenaient cela ....

• **M. Vian :** Si je n'avais pas publié ces photos sur Facebook ....

• **Une collègue de M. Vian :** Si je pouvais faire quelque chose pour l'aider ....

• **Le directeur des ressources humaines :** Si je pouvais éviter son licenciement ....

• **La femme de M. Vian :** S'il m'avait écoutée ....

4. OÙ SONT TOUS MES AMIS ?

Piste 04

A. Écoutez la première partie de l'émission et remplissez la fiche ci-dessous.

Titre : ....

Auteur : ....

Genre littéraire : ....

Questions posées dans l'ouvrage (citez-en trois) :

• ....

• ....

• ....

Théorie citée par l'auteur : ....

Nombre moyen idéal d'amis sur Facebook selon l'auteur : ....

....

Piste 05

B. Écoutez la deuxième partie de l'enregistrement et remplissez les fiches des personnes interrogées. Indiquez également de quel type d'utilisateur il s'agit.

Personne 1 :

Nombre d'amis :.............................

Type de relations avec ses amis : ....

....

Type d'utilisateur : ....

....

Personne 2 :

Nombre d'amis :.............................

Type de relations avec ses amis : ....

....

Type d'utilisateur : ....

....

Personne 3 :

Nombre d'amis :.............................

Type de relations avec ses amis : ....

....

Type d'utilisateur : ....

....

C. Et vous, de laquelle de ces personnes vous sentez-vous la plus proche ? À votre tour, dites combien d'amis vous avez sur Facebook et quel type de relation vous avez avec eux.

....

....

....

5. LA CHUTE DE LA MAISON USHER

A. Lisez le texte suivant, extrait de la nouvelle *La chute de la maison Usher* et repérez les verbes au passé simple.

À mon entrée, Usher se leva d'un canapé sur lequel il était couché tout de son long et m'accueillit avec une chaleureuse vivacité, qui ressemblait fort — telle fut, du moins, ma première pensée — à une cordialité emphatique, — à l'effort d'un homme du monde ennuyé, qui obéit à une circonstance. Néanmoins, un coup d'œil jeté sur sa physionomie me convainquit de sa parfaite sincérité. Nous nous assîmes, et, pendant quelques moments, comme il restait muet, je le contemplai avec un sentiment moitié de pitié et moitié d'effroi. À coup sûr, jamais homme n'avait aussi terriblement changé, et en aussi peu de temps, que Roderick Usher !

Source : Traduction de Charles Baudelaire *Nouvelles Histoires extraordinaires*

B. Notez les infinitifs des verbes repérés dans l'activité A.

....

....

....

....

....

....

C. Réécrivez le texte en remplaçant les verbes au passé simple par le passé composé.

....

....

....

....

....

....

....

....

....

....

....

6. LA MAUVAISE RÉPUTATION

A. Réécrivez au passé simple cette biographie de Georges Brassens.

Brassens, Georges

Georges Brassens est un poète, chanteur, auteur et compositeur français. Au long de sa carrière, il met en musique et interprète plus d'une centaine de ses poèmes, toujours accompagné de son inséparable guitare. Il est l'auteur de chansons comme *Les Copains d'abord, Chanson pour l'Auvergnat, Les Amoureux des bancs publics, La Mauvaise Réputation*, entre autres.

Né en 1921 à Sète dans l'Hérault, il commence à écrire ses premiers textes en 1935. Il fait sa première représentation publique en 1951 au Caveau de la République mais ses vrais débuts il les fait dans la salle Les Trois Baudets en 1952. Entre 1952 et 1976 il enregistre 14 albums. Il reçoit le Grand Prix de poésie de l'Académie française en 1967.

....

....

....

....

....

....

....

B. Relisez les deux textes et dites celui qui vous paraît le plus vivant : celui au passé ou celui au présent ? Pourquoi ?

....

....

....

....

....

Au village, sans prétention,

J'ai mauvaise réputation.

7. LE CANDIDAT 2.0

Complétez l'article suivant avec les mots de la liste.

| 2.0 | blog | e-réputation | googliser | liens | en ligne | empreinte numérique |

| le net | profil | numérique | googliser | sites | toile | réseaux sociaux | web |

Titre : Soigner son profil .... pour trouver un travail.

Corps :

`B` `I` `U` `☰` `☰` `ℓℓ`

Quand les employeurs recrutent ...., bien gérer son image sur .... devient un atout. Quelques conseils pour être un parfait candidat .... Si en France la majorité des recrutements est toujours réalisée via les canaux traditionnels (courrier, téléphone, entretien en personne), le .... fait cependant évoluer les pratiques. Aujourd'hui, le premier réflexe d'un recruteur est souvent de .... un candidat, c'est-à-dire de taper son nom sur Google afin de trouver des informations sur lui. Qu'il le veuille ou non, chaque individu laisse sur la .... une ....
Il faut essayer de contrôler au maximum cette trace afin de se construire une .... susceptible de plaire aux employeurs.

La première étape consiste à faire le point sur soi : documenter avec soin son .... sur les .... est essentiel.

Il est également recommandé d'utiliser toujours la même photo.

Un .... est d'autre part un bon moyen de présenter l'ensemble de ses compétences : celui-ci doit renvoyer à d'autre .... par des .... hypertexte.

Retrouver d'autres conseils pratiques sur notre site www.VOemploi.fr

Photos : Ajouter une photo

Confidentialité : Public ▼

[Publier] [Aperçu] [Enregistrer un brouillon] [Supprimer]

8. LES MOTS DU WEB

Répondez au questionnaire suivant.

a. Qu'est-ce qu'un *tweet* ?
   - ☐ un bruit d'oiseau
   - ☐ un cocktail
   - ☐ un jeu

b. Qu'est-ce qu'un *wiki* ?
   - ☐ un maillot de bain
   - ☐ une base de données
   - ☐ une plateforme d'écriture collaborative

c. Qu'est-ce qu'un *chat* sur Internet?
   - ☐ un félin
   - ☐ une messagerie en temps réel
   - ☐ un jeu en réseau

d. Qu'est-ce qu'un *buzz* Internet ?
   - ☐ un programme d'aide à l'utilisateur
   - ☐ une technique pour partager des vidéos
   - ☐ un contenu vu par beaucoup de personnes en un temps très court

e. Que signifie *googliser*?
   - ☐ utiliser le moteur de recherche google
   - ☐ rechercher sur Internet des informations publiées sur une personne
   - ☐ publier un contenu en ligne

f. Qu'est-ce qu'un *blog* ?
   - ☐ un journal de bord
   - ☐ un réseau social
   - ☐ un article d'information

D. Proposez un mot en français pour remplacer chacun des termes du questionnaire :

- Tweet : .... Dans votre langue: ....

- Wiki : .... Dans votre langue: ....

- Chat : .... Dans votre langue: ....

- Buzz : .... Dans votre langue: ....

- Googliser : .... Dans votre langue: ....

- Blog : .... Dans votre langue: ....

9. LES TWEETS DE LA CLASSE

A. Nous allons utiliser le réseau Twitter afin d'échanger des messages avec les autres membres de notre classe ou de notre école. Pour cela, nous allons ouvrir un compte sur le site de Twitter en français. (Si vous possédez déjà un compte, vous pouvez en ouvrir un autre seulement pour la classe).

B. Remplissez votre profil : choisissez une photo et rédigez une courte biographie.
(Faites cependant attention à ne pas donner d'informations trop personnelles).

C. Rédigez un petit message de présentation qui apparaîtra sur votre profil.

D. Choisissez cinq pages à suivre et dites pourquoi vous les avez choisies.

E. Échangez vos comptes avec les autres membres de la classe.

F. Envoyez un tweet : rédigez un court message de 140 caractères maximum !

1. L'APITHÉRAPIE

Piste 06

A. Écoutez le début de l'émission de radio *Le magazine de la santé* et relevez dans la liste ci-dessous les différentes vertus attribuées au miel.

☐ Le miel a des propriétés curatives.
☐ Il soulage le mal de gorge.
☐ Il est sucré.
☐ Il est symbole de longévité.
☐ C'est un bon anti-inflammatoire.
☐ Il renforce le système digestif.
☐ Il a bon goût.

B. Sur le même modèle, présentez, dans votre cahier, un produit alimentaire que vous connaissez et qui a des vertus médicales.

Piste 07

C. Écoutez l'interview d'Albert Becker et complétez la fiche sur l'apithérapie.

L'apithérapie

Définition de l'apithérapie : ....
....

Différents «produits des abeilles» utilisés par l'apithérapie : ....
....

Utilisations actuelles du miel : ....
....
....

Avantages du miel par rapport aux antiseptiques habituels : ....
....

D. Faites une recherche sur Internet et expliquez ce qu'est « l'apipuncture ». Faites une synthèse de vos recherches et enregistrez-vous.

2. CONSEILS SANTÉ

A. Associez les éléments des trois colonnes afin de reconstituer des phrases complètes et conjuguez le verbe.

Le ginseng	(contenir)	le lait de vache.
La propolis	(posséder)	les pertes de mémoire.
Le café	(nourrir)	de la vitamine C.
Les oranges	(renforcer)	le système nerveux.
Le guarana	(soulager)	les hématomes et les douleurs musculaires.
L'arnica	(stimuler)	les cellules cérébrales.
Le lait de soja	(prévenir)	les défenses de l'organisme.
Le phosphore	(substituer)	des vertus antiseptiques et antibactériennes.

B. À l'aide des éléments de l'activité précédente, donnez un conseil pour chacun des messages suivants postés sur le forum de **VOsanté**.

---

http://forum.v.o.sante.emdl

Mot: _____ Pseudo: _____ ☐ Filter [Rechercher]

Bas de page

Auteur	Sujet :

Jan ❓ Posté le 25-01-2012 à 17:36:49

J'ai bientôt des examens et j'ai du mal à me concentrer pour étudier. J'ai beau lire et relire mes cours, dès que je ferme mon cahier, je me rends compte que je n'ai rien retenu. Qu'est-ce que je peux faire ? Il me reste très peu de temps !

Marie ❓ Posté le 24-01-2012 à 17:43:27

Chaque hiver c'est la même chose : le moindre rhume qui passe est pour moi ! Sans compter les grippes, les angines et les bronchites, alors je dois souvent me mettre en congé. Comment pourrais-je prévenir tous ces maux de l'hiver ?

Alice ❓ Posté le 24-01-2012 à 16:39:27

Mon fils a un an il grimpe partout et il tombe ! Presque tous les jours, il finit la journée couvert de bleus et de bosses. Comme il est encore très petit, je n'ose pas lui donner de médicaments. Connaissez-vous une solution naturelle et adaptée à son âge ?

Minty ❓ Posté le 24-01-2012 à 16:28:16

Depuis quelques temps, chaque fois que je bois du lait, j'ai mal au ventre, des nausées et parfois même des vomissements. Une amie m'a dit que j'étais sûrement intolérante au lactose et que je devrais arrêter de boire du lait. Le problème c'est que j'adore ça … je sais que ça ne semble pas très grave, mais si vous avez des conseils à me donner, je suis preneuse !

3. MANGER BIO

A. Observez les données suivantes concernant l'évolution de la consommation des produits bio (issus de l'agriculture biologique) en France et répondez aux questions.

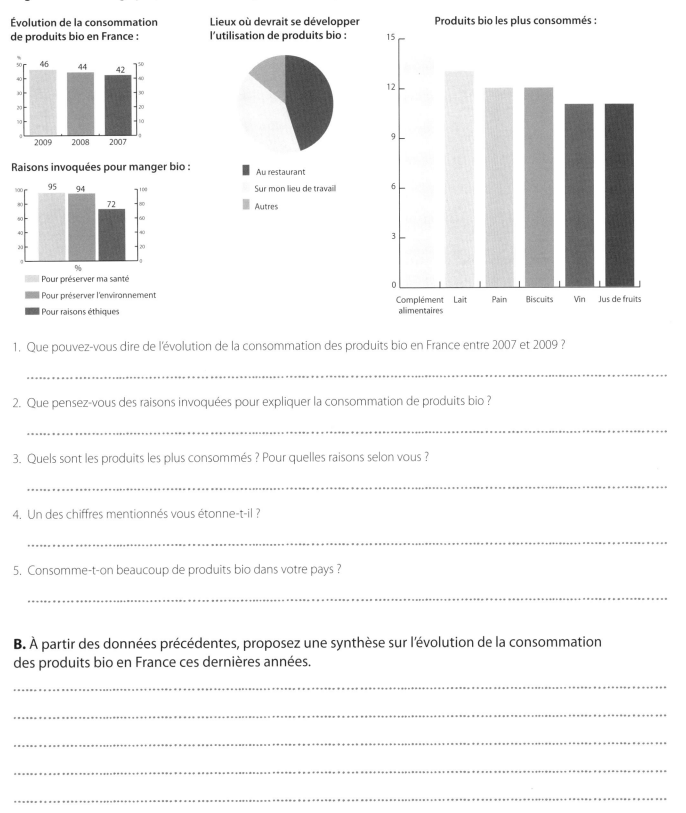

Évolution de la consommation de produits bio en France :

Raisons invoquées pour manger bio :
- Pour préserver ma santé
- Pour préserver l'environnement
- Pour raisons éthiques

Lieux où devrait se développer l'utilisation de produits bio :
- Au restaurant
- Sur mon lieu de travail
- Autres

Produits bio les plus consommés :

1. Que pouvez-vous dire de l'évolution de la consommation des produits bio en France entre 2007 et 2009 ?

....

2. Que pensez-vous des raisons invoquées pour expliquer la consommation de produits bio ?

....

3. Quels sont les produits les plus consommés ? Pour quelles raisons selon vous ?

....

4. Un des chiffres mentionnés vous étonne-t-il ?

....

5. Consomme-t-on beaucoup de produits bio dans votre pays ?

....

B. À partir des données précédentes, proposez une synthèse sur l'évolution de la consommation des produits bio en France ces dernières années.

....

....

....

....

....

4. LA CLÉ DU BONHEUR

A. Répondez à l'enquête du magazine *Marie-Laure* et classez les éléments de la liste selon vos critères.

Selon vous, qu'est-ce qui est le plus important pour être heureux ?
Notez les propositions suivantes de 1 à 10 :

- Être en bonne santé .... ☐
- Avoir une bonne situation économique .... ☐
- Être propriétaire de sa maison / son appartement .... ☐
- Avoir des enfants .... ☐
- Faire un travail que l'on aime .... ☐

- Avoir beaucoup d'amis .... ☐
- Se marier .... ☐
- Vivre dans une ville / un village agréable .... ☐
- Avoir un emploi stable .... ☐
- Être amoureux / amoureuse .... ☐

Piste 08

B. Écoutez la conversation suivante et retrouvez le classement des Français.

C. Comparez votre classement personnel à celui des Français. Quelles sont les points similaires ? Les différences ? Comment les expliquez-vous ?

....

....

5. LE MÉDECIN DONT JE T'AI PARLÉ…

Reliez les deux éléments à l'aide d'un relatif afin de former une phrase complexe. Ajoutez une préposition si nécessaire (il peut y avoir plusieurs possibilités).

Je t'ai parlé de ce médecin. Il est acupuncteur.

Le médecin dont je t'ai parlé est acupuncteur. / Je t'ai parlé de ce médecin qui est acupuncteur.

1. Le thym est une plante alimentaire et médicinale. Ses vertus pour combattre les rhumes ne sont plus à prouver.

....

2. Le forum de discussion de ce site Internet est très intéressant. J'ai écrit un message sur ce forum de discussion.

....

3. Tu m'as donné des conseils. Ils ont été très efficaces.

....

4. Les antibiotiques sont des médicaments. La durée de vie s'est rallongée grâce à eux.

....

5. Les sashimis sont des morceaux de poissons crus. Les Japonais en sont friands.

....

6. C'EST BON POUR LA SANTÉ !

A. Complétez les définitions suivantes avec les relatifs corrects, ajoutez une préposition si nécessaire.

1. Organismes vivants .... on a apporté une modification génétique.

2. Aliment .... les végétaliens compensent le manque de protéines.

3. Liquide précieux .... nous ne pourrions pas vivre.

4. Fruit .... on dit qu'il contient plus de vitamine C que l'orange.

B. Retrouvez les mots auxquels font référence les définitions de l'activité A.

1. ....   3. ....

2. ....   4. ....

C. À votre tour, proposez trois définitions comportant des relatifs composés pour les mots suivants.

1. Calcium : ....

2. Pomme de terre : ....

3. Protéines : ....

7. UNE RECETTE MIRACULEUSE

A. Observez les ingrédients des recettes suivantes et dites dans quel type de menu vous les incluriez.

Menu énergie   Menu antigrippal   Menu minceur

SALADE DE QUINOA AUX HARICOTS NOIRS ET BLANCS

Ingrédients :
- 1/3 tasse (80 ml) de quinoa.
- 1/4 tasse (60 ml) d'huile végétale.
- 2 c. à soupe (30 ml) de jus de lime.
- 1 c. à soupe (15 ml) de vinaigre de cidre.
- 1 gousse d'ail hachée finement.
- 1 c. à café (5 ml) de coriandre moulue.
- 1 boîte de haricots noirs, égouttés et rincés.
- 1 boîte de haricots blancs égouttés.
- 1 tasse de concombre coupé en dés.
- 1/4 tasse d'oignon rouge coupé en dés.
- 1 piment frais haché.
- 1/4 tasse de coriandre hachée finement.
- Sel et poivre à votre goût.

BOISSON SANTÉ AUX 5 FRUITS

Ingrédients :
- 1 tasse (250 ml) de fraises.
- ½ tasse (125 ml) de framboises.
- ½ tasse (125 ml) de bleuets.
- ½ tasse (125 ml) de bananes.
- 2 tasses (500 ml) de lait de soja à la vanille.
- 2 oranges en jus.
- 1 tasse (250 ml) de yaourt nature sucré.

COURGETTES AU POULET

Ingrédients :
- 4 blancs de poulet.
- 4 courgettes.
- 2 oignons.
- 250 grammes de champignons de Paris.
- 1 cube de bouillon de volaille.
- 1 c. à café de curry en poudre.
- 10 grammes de beurre allégé.
- 1 c. à café de thym.
- Sel et poivre à votre goût.

B. À votre tour, proposez une recette, réelle ou inventée, qui a des propriétés thérapeutiques. Détaillez les ingrédients nécessaires et les effets recherchés sur une feuille à part.

8. UNE CHARTE INTERNET

Lisez la charte suivante et complétez-la avec les mots de la liste.

diffuser   poster   membres   modéré   patients   professionnels

sources   la santé   expérience personnelle

Règlement du forum

Autorité

Notre forum est .... a posteriori par ses auteurs et de manière

quotidienne par vérification aléatoire des messages.

Les modérateurs et les administrateurs sont bénévoles. Ces derniers utilisent les pseudonymes

suivants : admin, respect34 et vo4charte.

Les modérateurs et les .... du forum ne sont pas à considérer

comme des ....de la santé.

Informations

L'information diffusée sur ce forum est destinée à encourager et à échanger et en aucun cas à

remplacer les relations directes entre .... et professionnels de la santé.

Messages

Notre forum s'adresse au grand public. Il a pour mission de faciliter les échanges sur le thème de

....

En utilisant notre forum, vous vous engagez à ne .... que

des informations qui sont vraies et correctes aux vues de vos connaissances et de votre

.... De plus, nous vous invitons à fournir des

.... (références, liens, etc.) lorsque c'est possible.

Il est absolument défendu de .... des messages publicitaires, que

ce soit sous forme de texte, bannières ou liens.

9. MON RÉSEAU DE MOTS

Complétez le réseau suivant avec les mots des différentes thématiques vues dans l'unité.

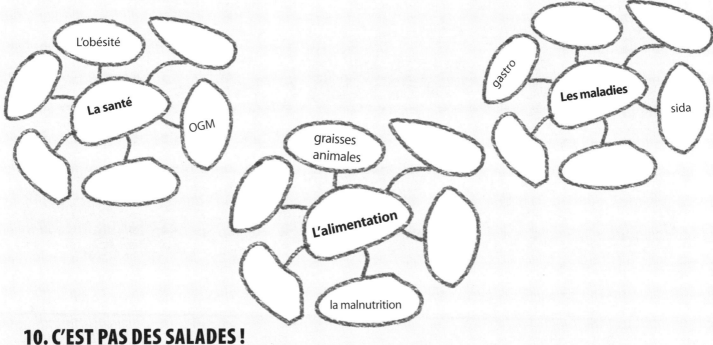

10. C'EST PAS DES SALADES !

A. Pour chacune des expressions suivantes, cochez celle qui a le même sens.

a. Raconter des salades :
- ☐ Dire des mensonges.
- ☐ Raconter des histoires.
- ☐ Faire de longs discours.

b. Mettre du beurre dans les épinards :
- ☐ Exagérer.
- ☐ Manger trop gras.
- ☐ Améliorer ses finances.

c. Tomber dans les pommes :
- ☐ Glisser sur des fruits.
- ☐ S'évanouir.
- ☐ Tomber malade.

d. Avoir le melon :
- ☐ Avoir la grosse tête.
- ☐ Avoir très chaud.
- ☐ Être enceinte.

B. Complétez les mini-dialogues avec les expressions de l'activité A.

1. ● Tu as vu le dernier film de Matthieu Robert ? Un vrai .... !

○ Oui, il est vraiment nul, en plus j'ai vraiment l'impression que depuis qu'il a eu le prix d'interprétation du festival de Cannes

il a drôlement pris .... En tout cas, je n'irai plus revoir un de ses films avant un bon moment !

2. ● Tu as appris le terrible accident qui est arrivé à Jean-Claude, c'est incroyable, quelle horreur ! Quand il me l'a raconté, j'ai failli

.... !

○ Oui, bon, tu sais, il ne faut pas prendre au pied de la lettre tout ce qu'il dit, il a tendance à exagérer et

même à ....

3. ● Tu vas accepter ce nouveau contrat ?

○ Je ne sais pas trop, d'un côté je suis déjà surchargée de travail, d'un autre c'est bien payé, donc ça ....

11. LE MAGAZINE DE LA SANTÉ

A. Connectez-vous sur le site officiel de France 5 et allez dans la rubrique « Santé ». Choisissez dans la liste *Le magazine de la santé* et suivez le lien jusqu'à accéder au site de l'émission.

B. Allez dans la rubrique « Dossiers » et observez la liste des dossiers les plus consultés. À votre avis pourquoi ces thèmes intéressent particulièrement les internautes ?

....

....

C. Allez dans l'onglet « Vidéos » et visionnez un reportage. Faites-en un résumé pour le présenter au reste de la classe.

....

....

D. Dans la rubrique « Allô docteur » vous pouvez poser une question en direct et en 130 caractères.

E. Pour aller plus loin, vous pouvez suivre le lien du site Bonjour-Docteur, qui contient des blogs et des forums de discussions sur le thème de la santé.

1. LES FRANÇAIS ET LES JEUNES

Piste 09

A. Un grand journal a réalisé une enquête pour connaître l'opinion de la population française sur les jeunes. Écoutez les réponses de quatre personnes et retrouvez la question qui a été posée à chacune.

1. ....
....
....

2. ....
....
....

3. ....
....
....

4. ....
....
....

B. Observez, dans le tableau suivant, les résultats de l'enquête. Présentez-les dans un court texte.

Les jeunes vus par leurs aînés

La fracture entre les générations est-elle en train de se creuser ? Les résultats du sondage *IPSOS / Le Monde* montrent que l'opinion publique française porte un regard compatissant mais critique sur la situation de la jeunesse en France.

Quel est selon vous le principal défaut de la jeunesse actuelle ?	L'égoïsme	La paresse	L'intolérance
	63 %	23 %	14 %

	Oui	Non	NSP
Pensez-vous qu'il soit difficile d'être jeune aujourd'hui en France ?	81 %	11 %	8 %
Diriez-vous que la situation s'est détériorée par rapport à votre génération ?	71 %	24 %	5 %
Avez-vous le sentiment que les jeunes d'aujourd'hui sont différents de ce que vous étiez au même âge ?	83 %	7 %	10 %
Est-il à votre avis plus difficile de trouver un emploi de nos jours ?	91 %	6 %	3 %

Sources : étude Ipsos / Logica Business Consulting pour le Monde. Novembre 2011.

C. Relevez dans le tableau les expressions qui permettent de demander l'opinion des personnes interrogées. Proposez différentes manières d'y répondre et d'introduire une opinion.

....
....
....

D. Comment expliquez-vous le jugement des Français sur la jeunesse ? La situation est-elle différente dans votre pays ? Enregistrez-vous et remettez l'enregistrement à votre professeur.

2. LA LISTE DE DOLÉANCES

A. Complétez les phrases avec les expressions de comparaison qui conviennent.

Les principaux problèmes selon les jeunes

- C'est .... difficile d'être jeune de nos jours.

- Les enfants sont obligés de rester vivre .... longtemps chez leurs parents, ... qu'il est très difficile de trouver un emploi.

Les principaux problèmes selon les seniors

- Il y a .... de place en maison de retraite.

- Le savoir des personnes âgées est .... valorisé par notre société.

- Les employeurs préfèrent embaucher un jeune .... un senior.

B. De quels autres problèmes peuvent se plaindre les jeunes et les seniors ? Complétez librement les deux listes suivantes en utilisant différentes expressions de comparaison.

Les principaux problèmes pour les jeunes	Les principaux problèmes pour les seniors

3. QUE PENSENT-ILS DE LEURS AÎNÉS ?

A. Lisez les témoignages suivants et choisissez le connecteur d'opposition qui convient.

Bruno : *Même si / Quoique* nous avons une grande différence d'âge, je sais que je peux toujours me confier à mes grands-parents.

Juliette : *Bien que / Encore* que mes parents soient à la retraite, ils n'ont pas le temps de s'occuper de leurs petits-enfants.

Carole : Mon grand-père est encore très actif et fait beaucoup de sport *malgré / quand bien même* ses problèmes de dos.

Pascal : Les seniors prennent leur retraite de plus en plus tard *alors que / malgré* le chômage des jeunes augmente, c'est un vrai problème!

Éric : Je pense que les jeunes ne sont pas si différents de leurs aînés *au contraire / même si* leurs aspirations profondes se rejoignent.

B. Et vous ? Que pensez-vous de vos aînés? Proposez trois phrases contenant un connecteur d'opposition comme dans l'activité A.

1. ....

2. ....

3. ....

4. JUNIORS VS SENIORS

Reliez les phrases suivantes à l'aide des connecteurs d'opposition de votre choix.

1. Le chômage des jeunes augmente. Celui des seniors se stabilise.

   ....

2. Il est diplômé. Il a beaucoup de mal à trouver un travail adapté à ses compétences.

   ....

3. Il est âgé. Il est resté très actif.

   ....

4. Le taux de natalité augmente. La population continue de vieillir.

   ....

5. La presse affirme que les seniors restent jeunes dans leur tête. Les incompréhensions générationnelles persistent.

   ....

5. 60 ANS

A. Quelles sont, selon vous, les caractéristiques des personnes de plus de 60 ans ?
Complétez la liste suivante.

Avoir des rides et des cheveux blancs. ☐

Avoir fondé une famille. ☐

Divorcer plusieurs fois. ☐

Reprendre ses études. ☐

Écrire ses mémoires. ☐

Atteindre la sagesse. ☐

Faire de la chirurgie esthétique. ☐

Inventer des histoires pour ses enfants / petits-enfants. ☐

....

....

....

....

....

B. Comment vous visualisez-vous dans 25 ans ? Aidez-vous
des éléments de la liste pour rédiger un petit texte au futur.

Dans 25 ans, je ....

....

....

....

....

....

....

....

....

6. LA PLACE DES ANCIENS

Piste 10

A. Écoutez le reportage et répondez aux questions.

1. Combien y a-t-il de personnes âgées dans le monde aujourd'hui ?

....

2. Quel pourcentage de la population africaine représentent actuellement les personnes âgées ?

....

3. Quels sont les principaux problèmes des personnes âgées actuellement en Afrique ?

....

4. Pourquoi la perspective de mettre les personnes âgées dans un hospice choque les Africains ?

....

5. Selon le journaliste pourquoi les pays africains dérivent vers les mêmes erreurs que les pays dits « du nord » ?

....

B. Quelle est la phrase de l'écrivain Amadou Hampaté Bâ citée par le journaliste ?
Que dit-elle de la place traditionnelle des personnes âgées en Afrique ?
Comment interprétez-vous cette citation ?

....

....

....

....

....

....

C. Que pensez-vous de la situation des personnes âgées en Afrique ?
Comparez-la avec celle de votre pays.

....

....

....

....

....

....

....

....

7. LES SYNONYMES

A. Retrouvez dans l'activité *Les grands parents du baby-boom* du **Livre de l'élève** (p. 49) les synonymes des adjectifs suivants puis remplissez la colonne de droite avec le contraire de chacun des adjectifs.

Adjectifs	Synonymes	Contraires
juvénile		
mou		
alerte		
libre		
dynamique		
fervent		
garant		
attirant		

B. Utilisez les adjectifs pour vous aider à rédiger le portrait d'une grand-mère traditionnelle et celui d'une grand-mère moderne.

La grand-mère traditionnelle

....
....
....
....
....

La grand-mère moderne

....
....
....
....
....

8. POLITIQUEMENT CORRECT

A. Associez les mots de la première colonne à leurs équivalents en langage « politiquement correct ».

Un cancer ●	● Un agent de traitement des déchets urbains
Une femme de ménage ●	● Une longue maladie
Les gitans ●	● Une technicienne de surface
Un pays du Tiers-Monde ●	● Un heureux évènement
La morgue ●	● Une contribution
Un éboueur ●	● Préposé à la distribution du courrier
Un impôt ●	● Un pays en voie de développement
Un cadre de 50 ans ●	● Un senior expérimenté
Un facteur ●	● Gens du voyage
Un accouchement ●	● Institut médico-légal

B. Remplacez les expressions soulignées dans les articles suivants par une autre expression en langage « politiquement correct ».

La SNCF a présenté ses nouveautés pour la rentrée en conférence de presse. Parmi les propositions les plus intéressantes, de nouveaux tarifs réduits pour les étudiants, les <u>vieux</u> et les <u>chômeurs</u>. Elle a également promis une amélioration de ses infrastructures afin de rendre les transports plus accessibles aux <u>handicapés</u> et aux <u>aveugles</u>.

Jérémy B. s'est retrouvé <u>clochard</u> suite à une vague de <u>licenciements</u> dans son entreprise. Sans travail ni famille, il a vécu dans la rue pendant deux ans. Aujourd'hui, grâce au programme de réinsertion de l'ASS, il a trouvé un emploi de <u>jardinier</u> et a obtenu un logement dans un centre pour jeunes travailleurs.

- les vieux : ....
- les chômeurs : ....
- handicapés : ....
- aveugles : ....

- clochard : ....
- licenciements : ....
- jardinier : ....

9. ET DANS VOTRE LANGUE ?

A. Existe-t-il comme en français des expressions dites « politiquement correctes » ?

....

....

B. Comment diriez-vous dans votre langue ?

- Les vieux : ....
- Les aveugles : ....
- Un cancer : ....
- Une femme de ménage : ....
- Un jardinier : ....

- Les handicapés : ....
- Les chômeurs : ....
- Un licenciement : ....
- Un clochard : ....
- Un pays du Tiers-Monde : ....

10. RENCONTRES DU TROISIÈME ÂGE

A. Cherchez sur Internet le maximum d'articles traitant de la situation des personnes âgées dans votre pays. Notez les références de chacun des articles.

....

....

....

....

....

....

....

....

....

B. Sélectionnez dans ces documents les informations qui vous semblent les plus pertinentes. Dégagez une problématique à partir de ces informations.

....

....

....

....

....

....

....

C. Préparez un exposé écrit sur la situation des personnes âgées dans votre pays.

- Introduisez le thème, la problématique.
- Élaborez un plan thématique, dialectique ou analytique.
- Préparez vos transitions.
- Citez vos sources.
- Essayez de comparer cette situation avec celle d'un autre pays ou d'une autre époque.
- Proposez vos conclusions.

Vivre ensemble | 5

1. QUESTION DE CLICHÉS !

A. Le magazine *Sociétés en V.O.* a établi la liste des stéréotypes les plus fréquents concernant la France et les Français. Cochez les affirmations avec lesquelles vous êtes plutôt d'accord.

☐ En France, tout le monde porte un béret.

☐ Les Français mangent beaucoup de pain, surtout de la baguette.

☐ En France, on mange du cheval, des grenouilles et des escargots.

☐ Les Français prennent tous les jours du café au lait et des croissants au petit-déjeuner.

☐ La pétanque est le sport préféré des Français.

☐ Les Français ne se lavent pas.

☐ Les Français sont très romantiques.

☐ Paris est la capitale de la mode.

B. Écoutez le reportage du site web du magazine et comparez leurs conclusions avec vos réponses.

Piste 11

C. Écoutez à nouveau et répondez aux questions suivantes.

1. Quels sont les adjectifs utilisés pour qualifier les Français ?

2. Quel est le surnom donné aux Français par les Anglais ?

3. Où joue-t-on le plus à la pétanque ?

4. Quelles sont les deux contradictions que mentionne la personne ?

5. Que veut dire l'expression « il n'y a pas de fumée sans feu » ?

2. OÙ EST MON BÉRET ?

A. Lisez cette liste de clichés sur les Français établie par un internaute sur son blog. Expliquez en quoi consiste l'humour de ses commentaires.

TOP 5 DES CLICHÉS SUR LES FRANÇAIS

1 *Le Français est râleur et fainéant et il fait tout le temps la grève.*
C'est faux, on n'est pas toujours en grève, on est parfois aussi en vacances !

2 *Tout le monde porte des pulls à rayures bleues et blanches.*
Oui, bien sûr, car tous les Français ressemblent à Jean-Paul Gaultier, d'ailleurs nous sommes tous blonds et nous portons des jupes !

3 *Le fromage est notre aliment de base.*
C'est pour ça que les étrangers disent qu'on sent mauvais ?

4 *Un Français se promène toujours avec une baguette sous le bras.*
Au cas où il aurait un petit creux et envie de se préparer un sandwich ?

5 *Les Françaises sont très élégantes.*
Bin forcément, vu que Paris est la capitale de la mode et que tous les Français habitent à Paris…

B. Sur le même modèle, faites une liste commentée de manière ironique des principaux clichés sur votre pays.

❶

❷

❸

3. DISCRIMINATIONS

A. Lisez les descriptifs suivants et dites pour chacun de quel type de discrimination il s'agit.

① DISCRIMINATION EN RAISON DE

On entend certains chefs d'entreprise dire qu'employer une femme peut représenter un risque car celle-ci peut tomber enceinte à tout moment, ce qui signifie pour un employeur une longue absence et la nécessité de la remplacer. De nombreuses femmes sont discriminées dans le monde du travail pour cause de maternité. Les mères de familles sont parfois licenciées car leur patron estime qu'elles manquent de disponibilité. Les jeunes femmes peuvent également se voir discriminées à l'embauche parce qu'elles présentent le risque d'une grossesse future.

② DISCRIMINATION FONDÉE SUR

Parce que les métiers évoluent vite, les seniors ont souvent du mal à retrouver un emploi après un licenciement. Selon certains recruteurs, le senior a du mal à s'intégrer dans une équipe jeune. Lui sont généralement reprochés ses possibles problèmes de santé, ainsi que son coût salarial, généralement plus élevé que celui d'un jeune diplômé. Les seniors se trouvent ainsi discriminés dès la publication de certaines offres d'emplois où est précisée, de manière totalement illégale, la recherche d'un candidat de moins de 55 ans, voire de 45 ans.

③ DISCRIMINATION FONDÉE SUR

Un fumeur peut-il se voir refuser un emploi ? Un ancien détenu ? Un végétarien ? On entend par « mœurs » les habitudes de vie d'une personne et celles-ci peuvent parfois entrer en conflit avec certaines valeurs véhiculées dans l'entreprise. Par extension, ce type de discrimination s'applique également à l'orientation sexuelle de la personne. Juridiquement, ces habitudes de vie relèvent du domaine privé et un employeur ne peut pas vous discriminer parce qu'il n'approuve pas vos activités.

B. Repérez dans chacun des textes les structures à valeur passive.

Texte 1

Texte 2

Texte 3

C. Choisissez un de ces textes et réécrivez-le en remplaçant les structures passives par des phrases à la forme active. Faites les transformations nécessaires.

4. SANS SE LAISSER FAIRE !

A. Mettez les phrases suivantes à la forme passive.

1. On lui a refusé plusieurs fois l'entrée dans cette boîte de nuit.

....

....

2. Son chef l'a licenciée quand elle a annoncé sa deuxième grossesse.

....

....

3. Mon cousin a dû changer son nom sur ses CV pour faire plus « français ».

....

....

4. Ses collègues l'ont insulté et il n'a rien dit.

....

....

5. Le Défenseur des droits a contrôlé les entreprises de cette liste.

....

....

B. Remplacez maintenant la forme passive en utilisant les structures **se faire + infinitif présent**, **se laisser + infinitif présent** ou **se voir + infinitif présent** ou adjectif qualificatif.

1. ....

....

2. ....

....

3. ....

....

4. ....

....

5. ....

....

5. NI NI !

Complétez les phrases suivantes avec différents dispositifs de négation et de restriction.
(**ni...ni..., ne...ni..., sans....ni..., ne que....**, etc.). Faites l'apostrophe le cas échéant.

1. Le code du travail .... tolère .... discrimination à l'embauche .... traitement discriminatoire des salariés.

2. L'accès à l'école publique .... peut se faire .... sans symboles religieux ostentatoires.

3. Il fait partie de ces jeunes qui .... travaillent .... étudient.

4. Il s'est vu refuser l'entrée dans ce club .... explications .... excuses.

5. Il .... y a pas .... des discriminations en fonction du sexe ou de l'origine, il existe tout un tas de discriminations différentes.

6. Notre entreprise .... tolèrera .... admettra d'attitudes discriminatoires en son sein.

7. .... charité .... tolérance : ce que nous réclamons, c'est la justice et l'égalité !

8. Il a été licencié .... le syndicat .... le délégué du personnel puissent agir.

9. On .... parle .... des problèmes des jeunes et on oublie trop souvent la discrimination qui touche les personnes âgées.

10. Les associations .... peuvent .... veulent s'occuper de tous les cas de discrimination en entreprise.

6. LE TESTING

A. Le « testing » est un anglicisme entré récemment dans le vocabulaire juridique et sociologique français. À votre avis, de quoi s'agit-il ?

....

....

B. Écoutez le début du reportage et vérifiez votre réponse.

Piste 12

C. Écoutez tout le reportage et répondez aux questions suivantes.

Piste 13

1. Quel est le principal problème pour dénoncer une discrimination ? ....

2. Quel est le travail d'un physionomiste ? ....

3. Quels sont les prétextes généralement donnés par les physionomistes pour refuser l'entrée en discothèque ? ....
....

4. Quels sont les autres domaines dans lesquels le « testing » peut-être utilisé ? ....
....

5. Quel est l'autre nom donné au « testing » ? ....

6. De quelle manière peut-on prouver une discrimination à l'embauche ? ....

7. HUMOUR(S)

A. Lisez les blagues ci-dessous. Sur quels stéréotypes reposent-elles ?
Pourquoi sont-elles discriminatoires ?

000

◀ ▶ C X 🏠 ⬜ www.stereotypes.emdl 📶☆▼

1. Comment appelle-t-on un homme cultivé aux USA ?
Un touriste.

2. La bouffe anglaise :
si c'est chaud, c'est de la soupe ; si c'est froid c'est de la bière !

3. Comment reconnaît-on un Belge dans un sous-marin ?
C'est le seul qui a un parachute.

4. Qu'est-ce qu'une feuille coupée en deux ?
Un puzzle pour blonde.

5. Pourquoi les Français n'allument-ils jamais leurs phares ?
Parce qu'ils se prennent pour des lumières.

B. Commentez cette citation de l'humoriste Coluche : « Je ne suis ni pour ni contre, bien au contraire ».
Expliquez en quoi consiste l'humour dans cette phrase.

C. En quoi consiste le comique dans ces phrases de l'humoriste Jamel Debbouze ?
Reformulez en langage standard.

1. Ceux qui désirent parler en même temps que moi, vous êtes priés de vous tagueuler !

2. On est nés ici, on est des « iciciens ».

3. Et là y a un imbécile…enfin c'était même plusieurs béciles mais dans une même personne apparemment !
   J'crois que c'était le chef des béciles lui !

D. Quel type d'humour préférez-vous parmi les trois exemples ci-dessus ? Pourquoi ?

8. MON RÉSEAU DE MOTS

A. Retrouvez dans l'unité 5 du **Livre de l'élève** les mots appartenant au champ lexical des discriminations.

....

....

....

....

B. Aidez-vous de ces mots afin de rédiger une définition personnelle de discrimination en réutilisant au moins 3 mots de l'activité A.

....

....

....

....

9. CHERCHEZ L'INTRUS

Observez ces listes d'équivalents familiers d'un terme standard. Dans chacune d'elles, entourez l'intrus.

- **Un homme :**   un mec / un keum / un gars / un pote
- **Une femme :**   une ronde / une blonde / une meuf / une nana
- **Un enfant :**   un minot / un môme / un moutard / un posse
- **L'argent :**   la thune / la tchatche / le blé / l'oseille
- **Fatigué :**   naze / crevé / vénère / mort
- **Fou :**   dingue / frappé / ouf / crevé
- **Une voiture :**   une bibine / une bagnole / une caisse / une tire

10. ET DANS VOTRE LANGUE ?

Comment diriez-vous les phrases suivantes dans votre langue ?

1. Les mômes d'aujourd'hui sont beaucoup plus dingues qu'à mon époque. ....

....

2. Il est parti en bagnole avec ses potes. ....

....

3. J'ai eu beaucoup de boulot aujourd'hui, je suis naze ! ....

....

4. Sa nouvelle meuf est pétée de thunes ! ....

....

11. L'UNESCO

A. Connaissez-vous l'UNESCO ? Savez-vous ce que signifient les sigles UNESCO ?

....

....

B. Allez sur le site de l'UNESCO en français et relevez les principales informations sur cette organisation, ses origines, sa mission, ses actions.

....

....

C. Allez dans la rubrique « culture » et cherchez les informations concernant la diversité culturelle. Comment est perçue la diversité culturelle selon l'UNESCO ? Dans quels domaines est-elle représentée ? Quelles sont les principales actions menées en sa faveur ?

....

....

....

D. Que se passe-t-il le 21 mai ? Quel est le but de cette journée ?

....

....

....

E. Participez à cette mise en valeur culturelle en rédigeant une définition personnelle de la diversité culturelle.

....

....

....

F. À partir des informations collectées, préparez une présentation de l'UNESCO et de son travail dans le domaine de la diversité culturelle. Vous pouvez élaborer un diaporama afin de partager votre travail devant la classe.

1. LA VIE APRÈS L'ÉCOLE

A. Écoutez les témoignages et complétez la grille.

Piste 14

	Pour quelles raisons il / elle a arrêté l'école.	Ce qu'il / elle a fait après son décrochage.	Est-il / elle content(e) de sa décision et pourquoi.
Louise			
Saïd			
Léo			

B. Écoutez à nouveau et relevez les regrets exprimés par chacun des témoins.

Louise : ....

....

Saïd : ....

....

Léo : ....

....

2. L'ÉGALITÉ DES CHANCES

A. Quelles mesures peut-on adopter pour favoriser l'égalité des chances pour les jeunes issus de l'immigration ? Complétez la liste suivante.

CV anonyme

Née le 5 avril 1985
23, rue benard
75014 Paris

DIPLÔMES OBTENUS

2010 :

2011:

EXPÉRIENCES PROFESSIONNELLES

2009 :

- Leur réserver des places dans les grandes écoles.
- Ne pas devoir mentionner leur nom sur leur CV.
- ....
- ....
- ....
- ....

LE CV ANONYME NE SERA PAS OBLIGATOIRE

Une étude réalisée à la demande de Pôle Emploi renvoie le projet de loi aux oubliettes.

Lancée en 2004, et faisant partie de la loi de 2006 sur l'égalité des chances, l'idée du CV anonyme obligatoire ne sera finalement pas adoptée par le gouvernement. Cette mesure avait pour but de lutter contre les discriminations à l'embauche (origine, sexe, âge…) en donnant une chance supplémentaire aux candidats d'accéder à un entretien et d'être jugés seulement sur leurs compétences professionnelles. Ce dispositif visait spécialement à favoriser l'accès aux entretiens d'embauche aux postulants issus de l'immigration. Cependant, selon une étude réalisée à la demande de Pôle Emploi auprès d'un millier d'entreprises, il semblerait que l'utilisation du CV anonyme soit inefficace, voire contreproductive. En effet, selon les résultats de cette étude, le dispositif lutte efficacement sur les discriminations liées au genre mais pas contre celles d'origines ethniques. Selon les chiffres avancés, avec des CV nominatifs les candidats portant des noms à consonance maghrébine ou africaine ont une chance sur dix d'obtenir un entretien (1 chance sur 8 pour le reste des candidats). Lorsque les CV sont rendus anonymes, cette probabilité passe à une chance sur vingt-deux. L'une des hypothèses privilégiée par les auteurs du rapport est qu'en ôtant l'information sur les candidats, on empêche les employeurs de réinterpréter certains éléments à l'avantage des candidats potentiellement discriminés. Par exemple «une présentation maladroite ou des fautes d'orthographe peuvent être relativisées aux yeux du recruteur par le fait que le français n'est pas la langue maternelle du candidat». Du côté des cabinets de recrutement, les avis sont partagés, beaucoup estimant qu'il s'agit d'une perte de temps et que s'il y a discrimination, celle-ci aura tout de même lieu au moment de l'entretien. Par contre, une large majorité des professionnels est favorable à l'utilisation d'un CV «normalisé» ne comportant aucune des informations suivantes : âge, date de naissance, photographie, situation de famille, nationalité.

Caroline Pham, VO-INFOS.

B. Lisez l'article suivant et répondez aux questions.

1. En quoi consistait le projet de loi sur les CV anonymes ?

....

....

2. Quel était l'objectif de cette loi ?

....

....

3. Pourquoi ce projet de loi n'a pas été accepté ?

....

....

4. Pourquoi les résultats de l'étude menée ne sont pas satisfaisants ?

....

....

....

5. Quelle est la différence entre un CV anonyme et un CV «normalisé» ?

....

....

....

C. Réagissez à cet article : vous souhaitez que le gouvernement revoie sa décision et vous argumentez en faveur de la loi sur les CV anonymes.

3. QUESTION D'ACCORDS

Complétez les phrases suivantes avec la proposition correcte, puis justifiez
votre réponse en expliquant pourquoi on fait ou pas l'accord du participe passé.

1. Il a repris ses études, qu'il avait .... avant le bac.

   a. *interrompu*
   b. *interrompues*

2. Elle s'est .... que son ex méritait une seconde chance.

   a. *rendu compte*
   b. *rendue compte*

3. Toutes les mesures que le Ministre a .... n'ont pas
   été suffisantes pour lutter contre la discrimination.

   a. *prises*
   b. *pris*

4. Leurs examens, ils les ont .... relire par leur professeur.

   a. *fait*
   b. *faits*

5. Ils se sont .... qu'ils pourraient tenter le concours d'entrée à Sciences-po.

   a. *dit*
   b. *dits*

6. Il a eu recours à toutes les lois qu'il a ....

   a. *pues*
   b. *pu*

7. Ils se sont .... sur les bancs de l'école.

   a. *connus*
   b. *connu*

8. La sélection qu'il a .... pour intégrer cette école était très dure.

   a. *passée*
   b. *passé*

4. UN PARCOURS EXEMPLAIRE

Réécrivez le portrait ci-dessous au passé. Attention aux accords du participe-passé.

Maty N'Dom arrive en France, à Bordeaux, à l'âge de 5 ans. Sa scolarité, elle la suit dans les écoles publiques de son quartier dit « sensible », mais étant une élève brillante elle obtient toujours les meilleures notes de sa classe. Alors qu'elle est en troisième dans un collège classé ZEP, une conseillère d'orientation vient dans sa classe pour présenter des options d'études aux élèves et leur parle de l'école de sciences-politiques et des places qui leur sont réservées. Très intéressée par cette possibilité, Maty se fait expliquer les démarches à suivre pour intégrer cette prestigieuse école : elle se dit que c'est sa chance de mettre à profit ses capacités académiques pour se donner des opportunités professionnelles par la suite. L'entrée à Science-po se fait sans problème, même si les débuts sont difficiles et qu'elle doit faire tous les efforts qu'elle peut la première année afin de ne pas abandonner. Ces efforts se voient récompensés et après 5 ans de travail acharné, elle se retrouve titulaire d'un diplôme avec mention très bien. Son premier emploi, elle l'obtient dès sa sortie de l'école et elle part ensuite travailler pour le Conseil Régional de la Gironde où elle exerce désormais les fonctions de chargée de projet pour la formation et l'emploi.

5. UNE ÉDUCATION ALTERNATIVE

Piste 15

A. Écoutez le reportage et cochez les affirmations qui correspondent à ce que vous avez entendu.

- ☐ Les parents qui optent pour une forme d'éducation alternative le font en partie afin de lutter contre le décrochage scolaire.
- ☐ Les lycées autogérés ont été créés pour proposer une alternative au système scolaire traditionnel.
- ☐ Les écoles publiques expérimentales forment les jeunes afin qu'ils puissent réintégrer le système scolaire classique par la suite.
- ☐ La pédagogie Freinet est basée sur la coopération dans le but de développer l'autonomie des enfants.
- ☐ Les écoles Montessori ont ouvert dans le monde entier en vue de faire connaître cette pédagogie.
- ☐ Les parents optent pour l'école à la maison pour être plus libres.
- ☐ Les parents retirent leurs enfants de l'école de crainte qu'ils ne puissent étudier dans de bonnes conditions.

B. Écoutez à nouveau le reportage et faites la liste des avantages attribués aux pédagogies alternatives.

....

....

....

....

C. Quels peuvent être selon vous les inconvénients de ce type de pédagogies ?

....

....

....

D. Et vous êtes-vous favorable aux pédagogies alternatives ? Expliquez pourquoi. Enregistrez-vous et remettez l'enregistrement à votre professeur.

6. C'EST POURQUOI ?

Complétez les phrases suivantes avec l'expression du but.

1. Certains parents font le choix d'une éducation alternative ....

    ....

2. Le Ministre de l'éducation nationale veut réformer l'école ....

    ....

3. Les jeunes en décrochage scolaire peuvent avoir accès à des formations spécifiques ....

    ....

4. Ils ont mis leur fille dans une école Montessori ....

    ....

5. Les enseignants souhaitent obtenir de meilleures conditions de travail ....

    ....

7. NI REMORDS NI REGRETS

Dites si les phrases suivantes expriment des regrets ou des reproches.

	Regret	Reproche
1. Si j'avais réfléchi avant, je n'aurais pas quitté l'école.	☐	☐
2. Il aurait voulu étudier médecine, mais ses ressources ne le lui permettaient pas.	☐	☐
3. En choisissant une pédagogie alternative, votre fils aurait eu plus de chances de réussir ses études.	☐	☐
4. Nous aurions préféré que notre fille continue ses études.	☐	☐
5. En étant mieux informée, j'aurais fais un meilleur choix.	☐	☐
6. Ses professeurs auraient dû voir plus tôt les signes de décrochage.	☐	☐

8. L'HISTOIRE NOUS JUGERA !

A. Complétez les portraits suivants avec les mots proposés et dites à quels personnages historiques ils correspondent.

Accusé   Censuré   Condamné   Considéré   Controversée
Mauvaise réputation   Mêlé   Posthume   procès
Réhabilité   Rôle politique   Se rétracter   Succès

1. Empereur romain célèbre pour sa cruauté, il a été longtemps .... d'avoir incendié Rome. Les historiens contemporains, en mettant en cause les sources historiques qui ont servi à établir sa ...., l'ont ....

2. Femme célèbre et .... de l'histoire de France : reine martyre pour les uns, grande criminelle pour les autres, elle apparaît aujourd'hui comme une princesse trop jeune dont on minimise le ....

3. Écrivain américain qui se suicida à 31 ans de déception de n'être pas publié, il connaîtra le .... après sa mort : son roman *La conjuration des imbéciles* a obtenu le prix *Pulitzer* en 1981, à titre ....

4. Physicien et astronome italien de XVIIe siècle, il est considéré comme le fondateur de la physique moderne. Défenseur de l'héliocentrisme et des thèses coperniciennes, il sera .... par l'Église catholique et obligé de .... après un .... de l'Inquisition. Les interdits sur ses écrits ne furent levés qu'au milieu du 18ème siècle par le Pape Benoît XIV.

5. Cet écrivain français né en 1901 a arrêté ses études à 17 ans et n'a jamais eu son bac. En 1923, il est .... à un vol de statues khmères au Cambodge et est .... à trois ans de prison. Il sera toutefois Ministre de la Culture de 1959 à 1969 et est .... comme l'un des écrivains les plus importants du XXe siècle. Ses cendres ont été transférées au Panthéon en 1996.

Marie-Antoinette

Galilée

André Malraux

Néron

John Kennedy Toole

B. À votre tour, présentez un personnage célèbre qui a été réhabilité ou qui a eu une seconde chance.

9. C'EST SYMPA !

Repérez les abréviations dans les phrases suivantes et retrouvez le mot complet qui leur correspond.

1. T'as vu la nouvelle déco du centre culturel ? C'est la cata ! C'est vraiment affreux !

   ....

   ....

2. J'ai passé deux jours à l'hosto après une bronchite qui a mal tourné, et maintenant j'ai des médocs à prendre pendant deux semaines.

   ....

   ....

3. ● Tu es déjà allé dans ce resto ?
   ○ Non, mais il paraît que le cuisto est super !

   ....

   ....

4. J'ai cours en amphi ce matin.

   ....

   ....

10. LANGAGE SMS

Essayez de déchiffrer l'échange de SMS suivant et de le traduire en langage courant.

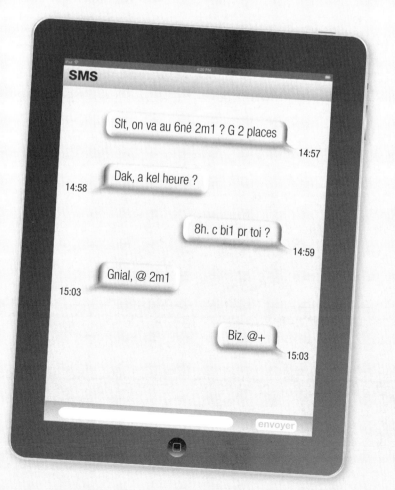

SMS

Slt, on va au 6né 2m1 ? G 2 places
14:57

Dak, a kel heure ?
14:58

8h. c bi1 pr toi ?
14:59

Gnial, @ 2m1
15:03

Biz. @+
15:03

envoyer

....

....

....

....

....

....

11. ON PASSE LE DELF !

A. Rendez-vous sur le site du CIEP et complétez la fiche de présentation.

- Nom complet : ....

- Date de création : ....

- Ministère de rattachement : ....

- Pôles d'activités : ....

  ....

- Missions et fonctions : ....

  ....

B. Allez dans la rubrique « Diplômes et tests » et répondez aux questions suivantes.

- Quels diplômes et tests sont proposés par le CIEP ? ....

- À qui s'adresse le DILF ? ....

- Quels sont les différents diplômes de DELF existants ? ....

- Qu'est-ce que le DALF ? ....

- Quelles sont les spécificités du TCF ? ....

- Lequel de ces diplômes correspond le mieux à votre profil ? ....

1. INDIGNÉS

A. Complétez l'article suivant avec les mots de la liste.

actions   chômage   diplômés   mai 68   manifestations   camper

crise économique   manifestants   marché du travail   retraités

Indignés

De notre envoyé spécial à Madrid. **Guillaume Roy**

Le mouvement des Indignés – ou Mouvement 15-M - a débuté le 15 mai 2011 par un appel dans 58 villes espagnoles, dont Madrid et Barcelone, et s'est fait connaître par différentes .... , dont celle de .... sur les places principales des villes.

Selon la presse, ces .... sont en relation avec la .... , le livre *Indignez-vous !* de Stéphane Hessel et ont été rendues possibles par l'exemple du printemps arabe (par l'intermédiaire du mouvement du 12 mars au Portugal) et des mouvements grecs et islandais de 2008. Le mouvement est d'autre part souvent comparé au .... français.

La forte présence de .... n'ayant pas réussi à s'insérer dans le .... est un point commun avec le printemps arabe. Beaucoup de .... sont jeunes, ces derniers étant deux fois plus touchés par le .... que le reste de la population mais on peut voir également des travailleurs, des cadres ou des ....

B. Écoutez la première partie du reportage radio et complétez les slogans entendus dans la manifestation.

Piste 16

* À bas ...., vive la démocratie !

* Les médias sont ...., l'information .... !

* Pas besoin de travailler ...., besoin de travailler .... !

* Ne nous .... pas, ...-nous !

C. Écoutez la deuxième partie du reportage et entourez, dans la liste ci-dessous, cinq motifs d'indignation mentionnés par les manifestants.

* La crise.
* Les impôts.
* Le chômage.
* La paix sociale.
* Que les élus ne défendent pas les intérêts de la population.

* Le système économique.
* Les fonctionnaires.
* Les banquiers.
* L'Europe.
* Que les patrons continuent à faire des bénéfices et licencient malgré tout.

2. UN PREMIER EMPLOI

A. Reliez les phrases suivantes à l'aide des connecteurs de cause de votre choix.

1. L'école ne nous a pas préparés à chercher du travail. Nous arrivons sur le marché de l'emploi livrés à nous-mêmes.

   ....

   ....

2. Les méthodes de recrutement nous paraissent complexes et éloignées de notre quotidien. Nous ne les comprenons pas.

   ....

   ....

3. Nous voulons savoir pourquoi on ne donne pas leur chance aux jeunes. Nous écrivons cette lettre.

   ....

   ....

4. Nous sommes jeunes et sans expérience professionnelle. Nous avons des difficultés pour trouver un premier emploi.

   ....

   ....

B. Complétez cette lettre ouverte au ministre du Travail à l'aide des phrases de l'activité précédente (modifiez-les si nécessaire).

> Monsieur le ministre du Travail, Mesdames et Messieurs les dirigeants d'entreprises,
>
> Nous sommes des jeunes entre 16 et 25 ans et nous sommes en recherche d'emploi et de
>
> formation. ....
>
> .... En sortant
>
> de l'école, ...
>
> .... D'autre part,
>
> .... :
>
> on ne nous explique pas les raisons du refus quand on répond à une offre d'emploi. C'est pourquoi
>
> ....
>
> .... Nous vous remercions, Monsieur le ministre du Travail,
>
> Mesdames et Messieurs les dirigeants d'entreprise, de votre attention.

C. Faites la liste des mesures que vous prendriez pour rendre l'accès au travail plus facile pour les jeunes.

> Ex : Que l'école prépare mieux les jeunes à chercher du travail.
>
> ....
>
> ....
>
> ....
>
> ....

D. Rédigez, à votre tour, une lettre ouverte sur un thème de société qui vous préoccupe.

3. SUITE À UN MOUVEMENT DE GRÈVE…

Complétez les phrases suivantes avec les connecteurs qui conviennent
le mieux parmi ceux de la liste.

| en réaction aux | en raison de | étant donné que | pour que | puisque |

1. .... les jeunes Européens enchaînent les stages et les contrats sous-payés, ils ont de plus en plus de difficultés à s'intégrer dans le marché du travail.

2. .... la manifestation qui aura lieu samedi après-midi, les transports publics seront perturbés.

3. Les professeurs ont déposé leur préavis de grève à l'avance .... les parents puissent s'organiser pour faire garder leurs enfants.

4. Les étudiants ont décidé de manifester .... mesures prises par le ministre du Travail.

5. .... les chauffeurs de bus sont en grève, nous devrons aller au travail à pied.

4. TOUS ENSEMBLE !

A. Lisez cet article et complétez-le avec les indéfinis corrects (il peut parfois y avoir plusieurs réponses possibles).

Pour cette quatrième journée de manifestation, ... les organisations syndicales étaient présentes. Même si .... représentants auraient souhaité une action plus politique, ... a tenu à être présent pour montrer son mécontentement.

« Pendant que .... s'enrichissent, ... sont de plus en plus dans la galère et la précarité ! Ça ne peut plus durer il faut faire .... ! » a déclaré l'un des manifestants.

« Nous voulons montrer que .... peut agir à son échelle, que .... ne doit rester indifférent à ce qui se passe dans notre pays et dans le monde. Si on ne fait .... on ne sera jamais entendu par les pouvoirs politiques ! », disait un ....

Une nouvelle journée de mobilisation nationale est prévue le samedi 14 novembre.

B. Pensez-vous qu'une manifestation soit un bon moyen pour montrer son mécontentement ? À quels autres moyens selon vous peut-on avoir recours ? Complétez la grille suivante afin de préparer votre argumentation.

Arguments en faveur des manifestations	Arguments contre les manifestations	Autres moyens possibles	Connecteurs

 C. Enregistrez-vous et remettez l'enregistrement à votre professeur.

5. UNE JOURNÉE DE MOBILISATION POUR L'ÉCOLE

Piste 17

A. Écoutez les témoignages suivants et dites si l'opinion des personnes est favorable ou défavorable à la grève des enseignants. Notez les éléments qui justifient votre réponse.

1. ....

2. ....

3. ....

4. ....

5. ....

B. Choissisez la proposition correcte.

Les enseignants...

a. réclament de travailler dans de meilleures conditions.

b. réclament qu'ils travaillent dans de meilleures conditions.

c. réclament une augmentation de salaire.

Il est intolérable...

a. que les classes soient surchargées.

b. que les enseignants font grève.

c. travailler dans de mauvaises conditions.

Le ministre...

a. espère que les enseignants fassent grève à la rentrée.

b. espère que les enseignants ne fassent pas grève à la rentrée.

c. espère que les enseignants ne font pas grève à la rentrée.

Les enfants aimeraient...

a. de rester à la maison tous les jours.

b. rester à la maison tous les jours.

c. qu'ils restent à la maison tous les jours.

Les parents...

a. souhaitent qu'ils trouvent des solutions pour faire garder leurs enfants.

b. souhaitent de trouver des solutions pour faire garder leurs enfants.

c. souhaitent trouver des solutions pour faire garder leurs enfants.

6. PACITEL

A. Lisez le texte suivant et donnez-lui un titre : ....

B. Lisez ces commentaires laissés sur le forum et complétez-les avec les verbes de la liste
à la forme correcte (subjonctif, indicatif ou infinitif).

avoir   devoir   être (x3)   penser   protéger   raccrocher   se plaindre

C. Que pensez-vous du démarchage téléphonique et de l'initiative Pacitel ? À votre tour, laissez un
commentaire sur le forum en réaction à cet article.

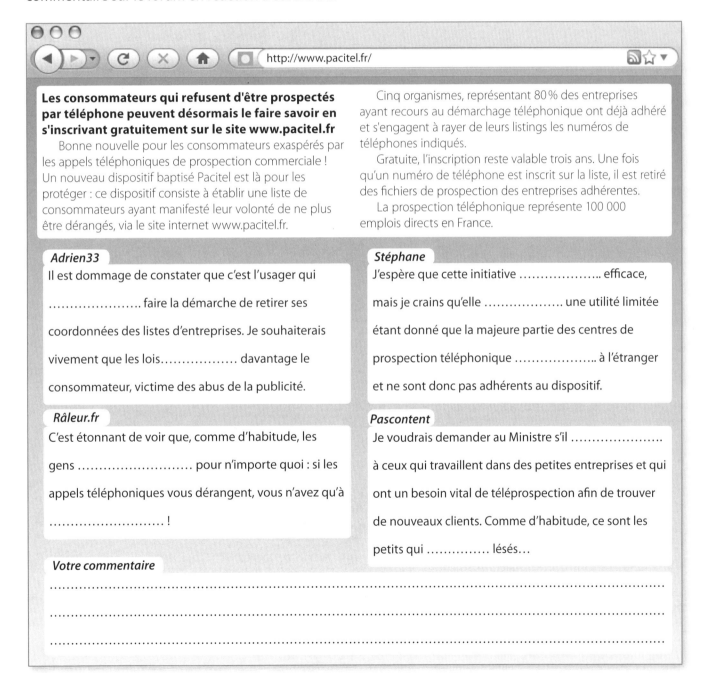

http://www.pacitel.fr/

Les consommateurs qui refusent d'être prospectés par téléphone peuvent désormais le faire savoir en s'inscrivant gratuitement sur le site www.pacitel.fr

Bonne nouvelle pour les consommateurs exaspérés par les appels téléphoniques de prospection commerciale ! Un nouveau dispositif baptisé Pacitel est là pour les protéger : ce dispositif consiste à établir une liste de consommateurs ayant manifesté leur volonté de ne plus être dérangés, via le site internet www.pacitel.fr.

Cinq organismes, représentant 80 % des entreprises ayant recours au démarchage téléphonique ont déjà adhéré et s'engagent à rayer de leurs listings les numéros de téléphones indiqués.

Gratuite, l'inscription reste valable trois ans. Une fois qu'un numéro de téléphone est inscrit sur la liste, il est retiré des fichiers de prospection des entreprises adhérentes.

La prospection téléphonique représente 100 000 emplois directs en France.

Adrien33

Il est dommage de constater que c'est l'usager qui .... faire la démarche de retirer ses coordonnées des listes d'entreprises. Je souhaiterais vivement que les lois.................... davantage le consommateur, victime des abus de la publicité.

Stéphane

J'espère que cette initiative .... efficace, mais je crains qu'elle .... une utilité limitée étant donné que la majeure partie des centres de prospection téléphonique ....à l'étranger et ne sont donc pas adhérents au dispositif.

Râleur.fr

C'est étonnant de voir que, comme d'habitude, les gens .... pour n'importe quoi : si les appels téléphoniques vous dérangent, vous n'avez qu'à .... !

Pascontent

Je voudrais demander au Ministre s'il .... à ceux qui travaillent dans des petites entreprises et qui ont un besoin vital de téléprospection afin de trouver de nouveaux clients. Comme d'habitude, ce sont les petits qui .... lésés…

Votre commentaire

....

....

....

7. UNE SURTAXE INTOLÉRABLE

A. Choisissez le préfixe correct pour complétez les adjectifs des phrases suivantes.

1. Malgré les efforts de ce ministre, ses résultats sont .... suffisants.   **IN - IM - DES**

2. Il y a eu des changements .... portants au sein de l'organisation..   **IN – IM - INTER**

3. La .... obéissance civile est une forme d'action non-violente qui s'est fait connaître grâce aux luttes de Gandhi ou de Martin Luther King !   **DÉS - IN - MÉ**

4. Le livre de Stéphane Hessel est .... connu auprès des jeunes.   **SUR-IN-ARCHI**

5. Il est totalement .... moral de faire travailler les gens dans ces conditions !   **IN-IM-MÉ**

B. Transformez les adjectifs du cercle B à l'aide des préfixes du cercle A afin de former des mots nouveaux (un même préfixe peut être utilisé plusieurs fois). Il peut parfois y avoir plusieurs possibilités.

Cercle A

Pré-   In-
      Sur-   Il-
Anti-
Inter-   Im-
      Mé-
Extra-   Dés-
      Ir-
Ultra-

Cercle B

Tolérable
   Habituel   Limité
Capitaliste
   Satisfait
         Fixé
Ordinaire   Mobile   Régulier
Européen   Taxé   Habillé
Connu
   Dépendant

- Intolérable
- Surtaxé
- ....
- ....
- ....

- ....
- ....
- ....
- ....
- ....

- ....
- ....
- ....
- ....
- ....

C. Rédigez cinq phrases en utilisant les mots formés dans l'activité précédente.

Ce service téléphonique vous oblige à appeler un numéro surtaxé.

....

....

....

....

....

8. LES MOTS DE LA MANIF
A. Complétez les grilles avec les mots correspondant aux définitions suivantes.

1. Personne qui participe à une manifestation.

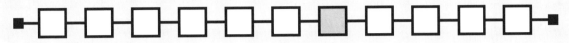

2. Regroupement de personnes ou de choses, agglomération.

3. Information de l'employeur de la préparation d'une grève, il en précise la date, l'heure de début, la durée et les motifs.

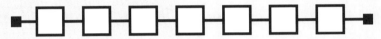

4. Ensemble de personnes qui défilent.

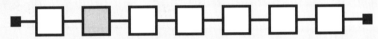

5. Arrêt collectif de travail ayant pour but de faire aboutir des revendications d'ordre professionnel.

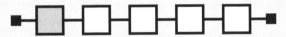

6. Coordination des activités des membres d'un groupe souhaitant défendre ses intérêts.

7. Bande de tissu sur laquelle sont rédigées des inscriptions notamment politiques, syndicales, publicitaires, etc.

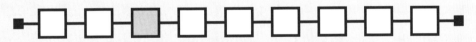

8. Marche de personnes ou de véhicules qui se suivent en file.

B. Retrouvez le mot caché en remettant les lettres des cases grisées dans le bon ordre.

Le mot caché est : ....

    1   2   3   4   5   6

9. DEVENEZ CYBERMILITANT !

A. Qu'est-ce que le cybermilitantisme à votre avis ?

....

....

B. Cherchez sur le site Internet d'Amnesty International le dossier sur le cybermilitantisme « Outil et astuces pour un cybermilitantisme efficace » et comparez la définition du cybermilitant avec votre propre définition.

C. En vous aidant de la liste d'instructions et de conseils de rédaction donnés par Amnesty International (p.11 et 13 du dossier), rédigez une lettre respectant la structure proposée et défendant une cause de votre choix parmi celles proposées sur le site. Vous pouvez choisir de remettre cette lettre à votre professeur ou de l'envoyer directement en suivant les instructions données sur le site.

....

....

....

....

....

....

....

1. HÉROS ORDINAIRES

A. Un magazine a publié un dossier sur l'engagement au quotidien intitulé « Héros ordinaires ». Lisez les portraits suivants et dites quelle initiative vous semble la plus intéressante. Justifiez votre réponse.

Joël, avocat et inventeur de pancartes pour SDF

Son écriteau « Je pourrais être votre grand-mère » est devenu célèbre dans toutes les rues de Paris, et a même inspiré un court-métrage. Joël voyait tous les jours une vieille femme qui mendiait dans la rue devant chez lui, sans y prêter attention, sans la voir, comme tout le monde. Et puis un jour, il s'est arrêté et lui a écrit sur un bout de carton qu'il a posé à ses pieds cette phrase « Je pourrais être votre grand-mère ». Le jour même Ioana – la vieille femme – récolte plusieurs dizaines d'euros ce qui a amené des dizaines de SDF dans toute la ville à copier – souvent sans la comprendre – cette phrase. « Je passais tout mon temps au bureau. Je culpabilisais de gagner beaucoup d'argent, j'avais besoin de faire quelque chose mais je n'avais pas le temps à consacrer à une association. » Joël a continué à élaborer des pancartes pour attirer l'attention des passants sur les SDF ; il en a déjà inventées plus de deux cents. « Je veux seulement réveiller chez les passants cette petite part d'humanité qu'ils ont tendance à oublier : les SDF ne sont pas du mobilier urbain. »

Gérald, le crieur public de la Croix-Rousse

À 11 heures, tous les dimanches, les habitants du quartier de la Croix-Rousse à Lyon peuvent écouter les messages déposés dans la boîte aux lettres du quartier et « criés » par Gérald depuis son pupitre au milieu de la place.

Coups de gueule, réactions à l'actualité, messages personnels, tout y passe et Gérald redonne vie à ce quartier populaire où les liens s'étaient peu à peu détruits et où chacun restait enfermé chez soi sans connaître son voisin.
Gérald, animateur socioculturel et acteur, ne trouvait pas sa place dans le monde du spectacle. « J'ai eu la révélation en lisant le livre de Fred Vargas, *Pars vite et reviens tard* : le personnage du crieur public, c'était moi ! J'ai tout de suite su que c'était ça que je voulais faire ! » Avec les années, le crieur est devenu une institution et est même mentionné dans certains guides touristiques.

Héberger une famille d'amis sans logement : l'hospitalité selon Valérie

En attente de relogement social depuis 2006, Éliane, son mari et ses six enfants se sont retrouvés à la rue. Valérie, une amie d'Éliane, les a accueillis chez elle. Valérie savait bien qu'il ne s'agissait pas d'un dépannage de quelques jours : la famille restera finalement 10 mois avant d'obtenir un logement prêté par l'association *Les Toits de l'espoir*. « Le logement nous avait été prêté pour trois ans et il se trouvait dans un village à une heure de route. Mon mari a dû louer un studio en ville afin de conserver son emploi. » Au bout de trois

ans, le logement social promis par la mairie n'est toujours pas disponible et la famille se retrouve à nouveau sans logement. Valérie leur a à nouveau ouvert sa porte. « Si quelqu'un me demande désormais de l'héberger, commente Valérie, jamais je ne pourrai refuser. »

B. À votre avis, quelles sont les motivations de chacune des trois personnes.

Joël : ....

Gérald : ....

Valérie : ....

C. Rédigez, dans votre cahier, le portrait d'une personne que vous connaissez et qui mérite selon vous le titre de « héros ordinaire ».

2. HIVER 54

A. Commentez ces citations d'Henri Grouès. Imaginez le genre de personne qui a prononcé ces phrases.

« On n'est jamais heureux que dans le bonheur qu'on donne. Donner, c'est recevoir. »

« On ne peut pas, sous prétexte qu'il est impossible de tout faire en un jour, ne rien faire du tout. »

« Avec tout l'argent du monde, on ne fait pas des hommes, mais avec des hommes qui aiment, on fait tout. »

« Que ceux qui ont faim aient du pain ! Que ceux qui ont du pain aient faim de justice et d'amour ! »

« C'est bête d'être heureux sans les autres ».

« Il ne faut pas faire la guerre aux pauvres mais à la pauvreté ».

....

....

....

....

Piste 18 **B.** Écoutez ce reportage sur l'abbé Pierre et comparez le personnage avec celui que vous aviez imaginé. Complétez sa fiche biographique.

5 août 1912 : ....

1938 : il est ordonné prêtre et reçoit le nom de frère Philippe.

1942 : il entre en Résistance sous le nom de ....

1949 : ....

1954 : ....

1992 : ....

.... : il décède des suites d'une infection pulmonaire.

© Studio Harcourt

C. Écoutez une deuxième fois et relevez les informations suivantes.

1. Dans quel domaine s'est principalement engagé l'abbé Pierre ? ....

2. Qu'est-ce que la trêve hivernale ? ....

3. Comment est financée l'association Emmaüs ? ....

4. Quel est l'objectif de la Fondation abbé Pierre ? ....

D. Qu'est-ce qui a motivé, selon vous, l'engagement de l'abbé Pierre ? Le partagez-vous ? Pourquoi ?

....

....

....

3. SOS ASSOS !

A. Classez les causes de la liste ci-dessous de la plus importante (1) à la moins importante (8) selon vous.

La défense de l'environnement. ☐

La protection de l'enfance. ☐

L'accès au logement pour les plus démunis. ☐

La protection des animaux. ☐

La défense de l'identité culturelle et des langues minoritaires. ☐

La médiation dans les zones en conflit. ☐

L'accès aux soins. ☐

La sécurité alimentaire. ☐

B. Lisez les descriptifs des trois associations ci-dessous et dites pour laquelle vous seriez prêt à vous engager. Justifiez votre choix sous la forme d'un texte argumenté et construit.

Surfrider Foundation

Cette association mondiale à but non lucratif, dédiée à la protection de l'océan et du littoral, a été créée en 1984 aux États-Unis par un groupe de surfeurs préoccupés par l'environnement. Elle regroupe aujourd'hui plus de 60 000 adhérents et des antennes locales dans le monde entier. Il existe actuellement dans le monde quatre sièges : Brésil, Japon, États-Unis et France. Ses objectifs principaux sont de lutter contre la pollution des océans, informer le public sur la qualité des eaux et faire prendre conscience des enjeux de la protection de l'environnement en général, et plus particulièrement des mers et des océans.

Les Restaurants du cœur est une association créée en France par l'humoriste et acteur Coluche en 1985. Elle a pour but d'aider les personnes démunies en leur distribuant gratuitement de la nourriture, que ce soit sous la forme de repas chauds servis aux personnes sans toit, ou de nourriture pour ceux qui ont un logement mais qui n'ont pas les moyens de subvenir à leurs besoins alimentaires. En 1986, au refrain de « Aujourd'hui, on n'a plus le droit ni d'avoir faim ni d'avoir froid » sort la *Chanson des restos* afin de collecter des fonds pour l'association. Depuis, chaque année, de nombreux artistes se regroupent sous le nom de « Les Enfoirés » afin de chanter au profit des restos.

Le Fonds des Nations unies pour l'enfance (UNICEF, de l'anglais *United Nations of International Children's Emergency Fund*), est né en 1946. C'est une agence de l'ONU dédiée à la protection et à l'amélioration de la condition des enfants, implantée dans 150 pays d'intervention. Elle a activement participé à la conception de la Convention sur les droits de l'enfant (CIDE), adoptée à New York en 1989. Ses objectifs prioritaires sont : l'éducation des filles, la vaccination contre les maladies infantiles, la lutte contre le SIDA, la protection de l'enfance et la santé des nouveau-nés. L'UNICEF a reçu le prix Nobel de la paix en 1965.

4. EN TOUTE LOGIQUE

Identifiez la relation de sens dans les phrases suivantes et complétez-les
avec le connecteur logique le plus approprié.

1. Certaines associations ont dû revoir leur politique de fonctionnement .... conserver leur subvention.

2. .... les jeunes s'impliquent de moins en moins dans la vie politique, ils sont moins écoutés.

3. .... , les femmes s'engagent plus que les hommes, ... elles consacrent plus de temps
   à la vie associative, aux activités extrascolaires des enfants, etc.

4. Beaucoup d'hommes font partie d'une association culturelle ou sportive, ... seulement 15 % se consacre
   à une activité humanitaire ou sociale.

5. Le gouvernement a supprimé une grande partie de ses subventions .... coupures budgétaires.

5. L'ASSEMBLÉE GÉNÉRALE

Vous collaborez au service communication d'une association.
Complétez la lettre suivante avec les connecteurs proposés.

cependant	en effet	en premier lieu	malgré
si	voilà pourquoi	notamment	

Chers adhérents / es,

Vous connaissez les difficultés que nous avons traversées dernièrement.

....................................., nous tenons à vous faire part de notre gratitude pour votre soutien
et votre fidélité. C'est .... tout le secteur associatif qui est touché par la
situation actuelle et nous avons plus que jamais besoin de la participation et du soutien de nos
adhérents.

.... les récentes réductions de nos subventions de la part de la Mairie, nous
avons tenté de maintenir notre fonctionnement habituel, ... en
ce qui concerne nos activités de soutien scolaire auprès des jeunes du quartier. Cela ne va
.... plus être possible très bientôt si nous ne trouvons pas une solution
alternative.

.... nous convoquons une Assemblée Générale exceptionnelle, le
jeudi 4 juin à 18 h 30 dans nos locaux. Nous évaluerons les ressources à notre disposition et nous
débattrons des solutions possibles pour continuer à mener à bien notre action.

.... vous ne pouvez pas être présent, merci de nous envoyer vos commentaires par
courrier électronique avant le mercredi 3 juin.

Nous comptons sur votre participation.

Très cordialement,

le Président.

6. LES FIGURES DE STYLE

A. Identifiez les figures de style dans les phrases suivantes.

euphémisme | métaphore | hyperbole | oxymore

1. Je meurs de faim.

....

2. Il a été remercié le mois dernier.

....

3. Il y a ici un silence assourdissant.

....

4. Il pleut des cordes.

....

B. Que veulent dire les phrases précédentes ? Qu'apporte l'utilisation des figures de style ?

1. ....

....

....

2. ....

....

3. ....

....

4. ....

....

7. CHANSON D'AUTOMNE

A. Soulignez les différentes allitérations et assonances dans ce poème de Verlaine.

Chanson d'automne

Les sanglots longs
Des violons
De l'automne
Blessent mon cœur
D'une langueur
Monotone.

Tout suffocant
Et blême, quand
Sonne l'heure,
Je me souviens
Des jours anciens
Et je pleure.

Et je m'en vais
Au vent mauvais
Qui m'emporte
Deçà, delà,
Pareil à la
Feuille morte.

Paul Verlaine,
Poèmes saturniens, 1866.

 B. Écoutez la lecture du poème et vérifiez. Selon vous, qu'apportent ces procédés stylistiques au poème ?

Piste 19

....

....

....

....

....

....

....

....

C. Enregistrez-vous : lisez à votre tour le poème et remettez l'enregistrement à votre professeur.

8. DES AUTEURS ENGAGÉS

Associez chacune des citations littéraires ci-dessous avec son auteur et l'œuvre dont elle est extraite, ainsi que le contexte dans lequel elle a été écrite.

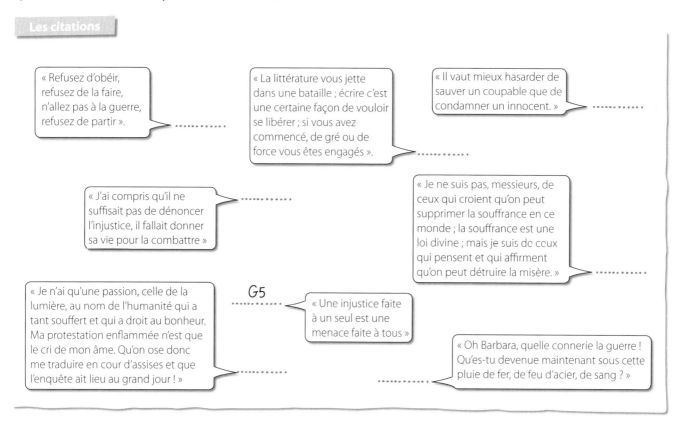

Les citations

« Refusez d'obéir, refusez de la faire, n'allez pas à la guerre, refusez de partir ».

« La littérature vous jette dans une bataille ; écrire c'est une certaine façon de vouloir se libérer ; si vous avez commencé, de gré ou de force vous êtes engagés ».

« Il vaut mieux hasarder de sauver un coupable que de condamner un innocent. »

« J'ai compris qu'il ne suffisait pas de dénoncer l'injustice, il fallait donner sa vie pour la combattre »

« Je ne suis pas, messieurs, de ceux qui croient qu'on peut supprimer la souffrance en ce monde ; la souffrance est une loi divine ; mais je suis de ceux qui pensent et qui affirment qu'on peut détruire la misère. »

« Je n'ai qu'une passion, celle de la lumière, au nom de l'humanité qui a tant souffert et qui a droit au bonheur. Ma protestation enflammée n'est que le cri de mon âme. Qu'on ose donc me traduire en cour d'assises et que l'enquête ait lieu au grand jour ! »

G5

« Une injustice faite à un seul est une menace faite à tous »

« Oh Barbara, quelle connerie la guerre ! Qu'es-tu devenue maintenant sous cette pluie de fer, de feu d'acier, de sang ? »

Les auteurs et les oeuvres

a. Boris Vian
   Le déserteur (1953)
b. Émile Zola
   J'accuse (1898)
c. Jean-Paul Sartre
   Qu'est-ce que la littérature ? (1947)
d. Victor Hugo
   Détruire la misère (1849)

e. Jacques Prévert
   Barbara (1946)
f. Albert Camus
   Les justes (1949)
g. Montesquieu
   Œuvres complètes (1717-1755)
h. Voltaire
   Zadig ou la destinée (1747)

Les contextes historiques

1. Guerre d'Algérie.
2. Manifeste de la conception de l'auteur de la littérature engagée.
3. Discours à l'Assemblée Nationale sur l'assistance publique.
4. Attentat commis contre le Grand-duc de Russie par un groupe révolutionnaire en 1905.
5. Pensées diverses publiées de manière posthume en 1798.
6. Bombardement de la ville de Brest pendant la Seconde Guerre mondiale.
7. Zadig citant Zoroastre, penseur perse de l'Antiquité.
8. Lettre ouverte au Président de la République pour défendre Dreyfus.

9. MÉLI-MÉLO DE L'ENGAGEMENT

A. Retrouvez dans la grille suivante 10 mots de l'engagement vus dans cette unité.

P	U	V	A	K	L	I	C	E	D	A	V	U	O	S
I	A	S	C	J	M	E	M	B	R	E	S	C	H	O
O	N	R	P	F	C	V	J	C	T	P	B	G	I	O
N	O	É	T	N	A	B	R	S	I	V	L	E	Z	N
B	P	S	F	I	T	C	É	L	L	O	C	T	B	O
B	I	E	C	S	C	P	T	N	M	I	L	R	L	I
A	C	A	U	S	E	I	S	H	É	Y	B	S	V	T
S	H	U	A	C	C	I	P	R	I	V	I	M	O	A
T	I	O	N	A	A	M	R	A	C	S	O	I	N	I
U	W	Z	P	L	E	V	G	Z	T	N	C	L	A	C
T	Z	E	M	A	U	T	U	I	P	I	L	I	E	O
A	D	N	O	A	T	T	E	U	R	G	O	T	T	S
T	A	T	S	U	B	U	E	N	T	I	O	A	T	S
S	E	E	Z	O	N	S	J	T	N	L	L	N	I	A
R	C	C	S	A	T	I	E	A	C	H	A	T	V	I

B. Réutilisez les mots trouvés afin de compléter les deux définitions suivantes.

.... : est une personne qui s'engage pour une ...., souvent de manière

.... et à travers un .... ou un ....

.... : est composée de .... qui s'impliquent autour d'un projet à travers

différentes formes de .... Son fonctionnement est basé sur des .... et

repose souvent sur l'attribution d'une .... gouvernementale.

Un monde absurde

Un mundo absurdo - Un mondo assurdo

Babelweb
ESPAÑOL · FRANÇAIS · ITALIANO

10. JOUEZ AVEC LA POÉSIE ET L'ABSURDE

Rendez-vous sur le blog de Babelweb et créez des questions absurdes, puis répondez-y !

Voici trois idées pour participer au blog.

Idée 1 :

En groupe, réfléchissez à des choses qui vous semblent absurdes dans la vie. Faites une petite liste et discutez-en. Tout le monde trouve-t-il toutes les propositions vraiment absurdes ?
Publiez les éléments les plus intéressants.

Idée 2 :

Vous pouvez grâce au générateur de questions absurdes (dans la colonne de droite du blog) créer des questions étranges.
En groupe, réfléchissez à de possibles réponses. Choisissez les réponses qui vous semblent les meilleures (les plus drôles, les plus absurdes…), puis postez-les avec la question.

Idée 3 :

Vous pouvez générer vos propres questions selon le principe du cadavre exquis des Surréalistes. Pour cela, il vous faut une feuille de papier. Une première personne écrit un premier élément en haut de la feuille, puis replie le papier de sorte que le suivant ne puisse pas lire ce qui a été écrit. On fait tourner la feuille dans le groupe de sorte que chacun participe selon le même principe.
Voici la suite des éléments qu'il serait possible d'écrire à tour de rôle dans un groupe de 5 personnes :
- 1re personne → interrogatif
- 2e personne → un substantif au singulier accompagné d'un déterminant
- 3e personne → un adjectif (qui se place habituellement après les substantifs)
- 4e personne → un verbe conjugué à la troisième personne du singulier
- 5e personne → un complément de lieu ou de temps.
Mettez ensuite en commun les questions générées et publiez-les si elles vous semblent présenter un intérêt.

Dans tous les cas, attendez, vous aurez peut-être des réponses ou des commentaires d'autres internautes !

http://m9.babel-web.eu/

1. UNE VISITE À BORDEAUX

A. Lisez cet article de présentation de la ville de Bordeaux et dites pourquoi, selon vous, cette ville a été classée au Patrimoine de l'UNESCO.

Le 28 juin 2007, l'Organisation des Nations Unies pour l'éducation, la science et la culture (UNESCO) a inscrit Bordeaux sur la liste du Patrimoine mondial au titre d'« Ensemble urbain exceptionnel ». La distinction de ce vaste périmètre de 1 810 hectares est une première pour l'UNESCO qui n'avait encore jamais honoré un ensemble urbain de cette ampleur.

Le centre historique de cette ville portuaire située dans le sud-ouest de la France représente un ensemble urbain et architectural exceptionnel, créé au XVIIIe siècle. Bordeaux est exemplaire par l'unité de son expression urbanistique et par son architecture, classique et néoclassique, qui n'a connu pratiquement aucune rupture stylistique depuis le 18e siècle jusqu'à nos jours.

Son urbanisme représente l'aboutissement de la philosophie des Lumières, qui voulaient que les villes soient des foyers d'humanisme, d'universalité et de culture.

On fait généralement remonter les origines de Bordeaux au IIIe siècle av. J.-C., sous le nom de Burdigala. Après avoir été occupée par les Romains en 56 av. J.-C., Burdigala se développa autour de son port, devenant une ville marchande et conserva cette fonction pendant les siècles qui suivirent.

Enserrée dans ses murailles du XIVe siècle, Bordeaux se transforme durant le Siècle des Lumières en une ville moderne, ordonnée et dotée de remarquables monuments, de places harmonieuses, de grandes promenades, de jardins publics et d'une façade homogène le long de son fleuve, la Garonne.

Bordeaux en chiffres
- 239 000 habitants
- Un tiers de la population de moins de 25 ans
- 550 km de pistes cyclables
- 4 festivals de musique
- 1 festival des arts de rue
- 1 opéra national
- 7 musées
- 347 édifices protégés
- 1 800 hectares concernés par le périmètre inscrit sur la liste de l'UNESCO
- Le deuxième port d'escale de croisière de la côte atlantique
- 70 000 étudiants et 5 000 chercheurs

Source : www.unesco.org

B. Écoutez cette déclaration du porte-parole de la mairie de Bordeaux afin de compléter la fiche suivante.

Piste 20

Critères retenus par l'UNESCO : ....

Travail fait par la Mairie pour que la ville soit élue : ....

Retombées pour la ville : ....

2. PATRIMOINES DE L'HUMANITÉ

A. La liste du patrimoine mondial comporte 936 biens considérés par l'UNESCO comme ayant une valeur universelle exceptionnelle. Cette liste est composée de 725 biens culturels, 183 biens naturels et 28 biens mixtes, répartis dans 153 pays. Saurez-vous retrouver à quels pays correspondent les biens suivants ?

1. Algérie	a. Le parc national Taï	1. ....
2. Belgique	b. Le parc national d'Iguazu	2. ....
3. Brésil	c. La grande muraille	3. ....
4. Chine	d. Les œuvres d'Antoni Gaudi	4. ....
5. Côte d'Ivoire	e. Le golfe de Porto	5. ....
6. Équateur	f. L'île de Gorée	6. ....
7. Espagne	g. L'acropole d'Athènes	7. ....
8. Fédération de Russie	h. La baie d'Ha-long	8. ....
9. France	i. Le Lac Baïkal	9. ....
10. Grèce	j. La casbah d'Alger	10. ....
11. Inde	k. Les îles Galapagos	11. ....
12. Italie	l. La Grand-Place de Bruxelles	12. ....
13. Japon	m. Le mémorial de la paix d'Hiroshima	13. ....
14. Mexique	n. Le parc national de Serengeti	14. ....
15. Pérou	o. Le Taj Mahal	15. ....
16. République Tchèque	p. La ville de Cuzco	16. ....
17. Roumanie	q. Les îles éoliennes	17. ....
18. Sénégal	r. Les îles et aires protégées du Golfe de Californie	18. ....
19. Tanzanie	s. Le delta du Danube	19. ....
20. Viêt Nam	t. Le centre historique de Prague	20. ....

B. Classez maintenant chaque élément du patrimoine vus dans l'activité A dans la colonne qui lui correspond selon qu'il s'agisse d'un bien culturel ou naturel.

Biens culturels	Biens naturels

C. Y a-t-il dans votre pays un bien culturel ou naturel qui devrait, à votre avis, faire partie du Patrimoine de l'humanité ? Faites-en la description et expliquez pourquoi, selon-vous, il devrait faire partie de la liste de l'UNESCO. Enregistrez-vous et remettez l'enregistrement à votre professeur.

3. TOURISME CULTUREL

A. Écoutez les témoignages suivants et dites pour chacun s'il s'agit ou non de tourisme culturel. Vous justifierez vos réponses. Vous pouvez vous aider des documents du **Livre de l'élève** (p. 103).

1. ....

2. ....

3. ....

4. ....

B. Et vous ? Vous reconnaissez-vous dans l'un des témoignages précédents ? Quel profil de touriste avez-vous ?

....

....

....

4. QU'EN PENSEZ-VOUS ?

A. Réagissez aux thèmes suivants en respectant l'amorce proposée.

1. Le développement du tourisme culturel.
   Je trouve normal que ....

   ....

2. L'augmentation des droits d'inscription à l'université.
   Il est dommage de ....

   ....

3. Les tarifs des entrées dans les musées.
   Je trouve que ....

   ....

4. L'analphabétisme.
   C'est incroyable que ....

   ....

5. La protection des sites naturels.
   J'espère que ....

   ....

B. Choisissez l'un des thèmes précédents et développez votre commentaire en donnant votre opinion sous forme d'un court texte.

....

....

....

....

....

....

5. LA POMPIMOBILE

A. Lisez le titre de cet article et répondez aux questions.

LA « POMPIMOBILE » : SI TU NE VAS PAS AU MUSÉE, LE MUSÉE VIENDRA À TOI...

1. À votre avis, quel est le sujet de l'article ?

....

....

2. « Pompimobile » est un mot-valise : de quels mots est-il formé ? Imaginez à quoi il fait référence.

....

....

B. Lisez maintenant l'article et vérifiez vos hypothèses. Relevez dans le texte les arguments en faveur et contre la « pompimobile ». Complétez ensuite les deux listes avec vos propres arguments.

LA « POMPIMOBILE » : SI TU NE VAS PAS AU MUSÉE, LE MUSÉE VIENDRA À TOI...

Savez-vous ce qu'est la « pompimobile » ? Un indice : le mot vient de Pompidou et de papamobile. C'est la dernière proposition du ministre de la culture : l'idée est de faire circuler en France des œuvres du Centre Pompidou pour les montrer aux élèves de collèges et de lycées de province qui n'ont pas les moyens d'aller voir les expositions à Paris. « En ce moment, il y a à Paris des expositions exceptionnelles, a commenté le ministre. Mais tous les jeunes n'ont pas une famille qui peut leur payer l'aller-retour à Paris, dormir à Paris... Alors que le musée Pompidou à Beaubourg a des collections considérables qui restent dans les cartons. On va faire une pompimobile. Picasso, Braque, Soulages, vont venir chez vous (...). » Mais sur le dispositif de la « pompimobile », le ministre n'est pas entré dans les détails. À l'heure des économies budgétaires et de la suppression de 16 000 postes dans l'Éducation nationale, l'idée risque de coûter cher. De plus, les sorties d'œuvres d'art sont toujours une hantise pour les musées, et certains préfèrent même parfois renoncer devant le coût des assurances. Alors faire circuler des Picasso, des Braque, des Soulages va certainement relever de la mission impossible. (...)

Source : culturesenvo@vo.fr

POUR	CONTRE
- Les élèves qui n'ont pas les moyens d'aller à Paris pourront voir les expositions.	

C. Reformulez les arguments de B en utilisant la « contrainte du subjonctif » (voir le **Livre de l'élève** p. 104).

Il est appréciable que les élèves qui n'ont pas les moyens d'aller à Paris puissent voir les expositions.

....

....

6. PICASSO ET LES MAÎTRES

Piste 22 **A.** Écoutez l'audio-guide de présentation de l'exposition « Picasso et les maîtres » et relevez les informations demandées.

Cinq noms de peintres :

1. ....

2. ....

3. ....

4. ....

5. ....

Trois musées français :

1. ....

2. ....

3. ....

Deux noms de tableaux :

1. ....

2. ....

B. Expliquez le titre de l'exposition « Picasso et les maîtres ».

....

....

....

C. Écoutez à nouveau l'audio-guide et relevez les connecteurs d'opposition et de concession utilisés. Placez-les dans la catégorie qui convient.

• .... + subjonctif

• .... + indicatif

• .... + nom

• Mot de liaison : ....

D. Complétez ces avis de visiteurs de l'exposition.

1. Un esthète :

« ...., malgré la couleur des murs ! »

2. Un râleur :

« Contrairement à ce qu'on nous a dit .... »

3. Un collégien :

« ...., même si je n'ai pas tout compris ».

4. Une admiratrice d'art :

« Quoique l'on en dise .... »

5. Un curieux :

« Bien que je n'aime pas trop Picasso, ... »

7. TOUT CONTRE

Reliez les deux éléments de phrases avec l'articulateur d'opposition ou de concession proposé.

1. Les étudiants vont souvent au musée. Les tarifs ont augmenté. (malgré)

....

2. Ce peintre propose son projet à toutes les galeries. Il n'arrive pas à exposer. (avoir beau)

....

3. C'est un artiste très important. Il ne me plaît pas. (si….que)

....

4. La mairie a annulé le festival de théâtre. Elle a un budget lui permettant de le maintenir. (bien que)

....

5. Ma famille en pense du mal. Je continuerai à peindre. (quoique)

....

8. ON EXPOSE !

A. Observez les tableaux ci-dessous et donnez pour chacun d'eux une appréciation personnelle.

Danseuse basculant de Degas   *Violon et guitare* de Juan Gris   *Les tournesols* de Van Gogh   *Le portrait de paysan* de Cézanne

B. Choisissez l'un de ces tableaux pour être affiché dans votre salle de classe. Justifiez votre choix.

....

....

....

9. J'AURAIS VOULU ÊTRE UN ARTISTE

Classez ces mots relatifs au champ lexical de l'art et la culture dans la catégorie qui leur correspond.

L'avant-garde
Un comédien
Un atelier
Un cinéma
Classique
Un artiste
d'exposition
Un dessin
Un commissaire
Une création
Un crayon
Un architecte
Un musée
Un dessinateur
Un critique
Un écrivain
Un danseur
Un tableau
Une galerie
Une exposition
La littérature
Baroque
Une œuvre
Un poète
Un peintre
Un opéra
Le patrimoine
Une performance
Un spectacle
Les arts plastiques
Un pinceau
Une sculpture
Un plateau de tournage
Une projection
Un réalisateur
Une toile
Un théâtre
Un vernissage

Lieux	Professions	Objets	Activités	Autres

10. JE TROUVE ÇA GÉNIAL !

Classez ces expressions selon qu'elles expriment une appréciation positive, négative ou les deux.

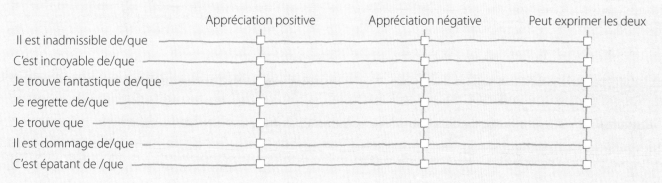

Appréciation positive   Appréciation négative   Peut exprimer les deux

Il est inadmissible de/que
C'est incroyable de/que
Je trouve fantastique de/que
Je regrette de/que
Je trouve que
Il est dommage de/que
C'est épatant de /que

11. D'ART D'ART

A. Cherchez sur un moteur de recherche le site de l'émission « D'art d'art », de France 2. Quel est le concept de cette émission ?

....

....

....

....

B. Allez dans la rubrique « Toutes les vidéos » et cherchez la vidéo intitulée « René Magritte : Le modèle rouge ». Visionnez-la et répondez aux questions suivantes.

- En quelle année a été peint le tableau ? ....
- Pourquoi est-ce une œuvre difficile à comprendre ? ....
- Comment Magritte choisissait-il les titres de ses tableaux ? ....
- En quoi consistait le jeu ? ....
- Comment s'intitule l'autre tableau de Magritte que l'on voit dans l'émission ? ....
- Quelle est la signification du Modèle rouge ? ....

C. Que pensez-vous de cette œuvre ? Réutilisez les structures de l'appréciation.

....

....

D. À votre tour, choisissez dans la liste proposée sur le site une œuvre d'art et visionnez la vidéo correspondante. Remplissez la fiche ci-dessous.

Titre : ....

Artiste : ....

Date : ....

Musée / Galerie : ....

Style / technique : ....

Histoire de l'œuvre, anecdotes : ....

Commentaire personnel : ....

....

1. MUSIQUES DU MONDE

Piste 23

A. Après avoir écouté le reportage radio, pouvez-vous dire qui est Miriam Makeba et quelles influences culturelles retrouve-t-on dans sa musique ?

....
....
....
....

B. Selon vous, pourquoi le journaliste la qualifie-t-elle de « citoyenne du monde » ?

....
....
....
....
....
....
....
....

C. Comment comprenez-vous la phrase : « Elle nous a quittés le 9 novembre 2008 » ? Quelle figure de style est utilisée ici et dans quel but ?

....
....
....

D. Pour Miriam Makeba, « la musique ne doit pas avoir de frontières ». Qu'en pensez-vous ? Enregistrez-vous et remettez l'enregistrement à votre professeur.

2. LES LETTRES PERSANES

A. Lisez la lettre de Rica à Ibben : faites la liste des choses qui, à Paris, surprennent Rica ou lui posent problème. Classez les éléments de cette liste dans les catégories du tableau.

MONTESQUIEU
Lettres persanes (1721)

LETTRE XXIV
RICA À IBBEN, À SMYRNE (Extrait)

Nous sommes à Paris depuis un mois, et nous avons toujours été dans un mouvement continuel. Il faut bien des affaires avant qu'on soit logé, qu'on ait trouvé les gens à qui on est adressé, et qu'on se soit pourvu des choses nécessaires, qui manquent toutes à la fois.

Paris est aussi grand qu'Ispahan. Les maisons y sont si hautes qu'on jugerait qu'elles ne sont habitées que par des astrologues. Tu juges bien qu'une ville bâtie en l'air, qui a six ou sept maisons les unes sur les autres, est extrêmement peuplée, et que quand tout le monde est descendu dans la rue, il s'y fait un bel embarras.

Tu ne le croirais pas peut-être : depuis un mois que je suis ici, je n'y ai encore vu marcher personne. Il n'y a point de gens au monde qui tirent mieux parti de leur machine que les Français : ils courent ; ils volent. Les voitures lentes d'Asie, le pas réglé de nos chameaux, les feraient tomber en syncope. Pour moi, qui ne suis point fait à ce train, et qui vais souvent à pied sans changer d'allure, j'enrage quelquefois comme un Chrétien : car encore passe qu'on m'éclabousse depuis les pieds jusqu'à la tête ; mais je ne puis pardonner les coups de coude que je reçois régulièrement et périodiquement. Un homme qui vient après moi, et qui me passe, me fait faire un demi-tour, et un autre, qui me croise de l'autre côté, me remet soudain où le premier m'avait pris ; et je n'ai pas fait cent pas, que je suis plus brisé que si j'avais fait dix lieues.

Ne crois pas que je puisse, quant à présent, te parler à fond des mœurs et des coutumes européennes : je n'en ai moi-même qu'une légère idée, et je n'ai eu à peine que le temps de m'étonner. (…)

Logement, urbanisme	Transports	Relations avec la population locale	Rythme de vie

B. De la même manière et en suivant les mêmes catégories, faites la liste des choses qui pourraient surprendre ou déranger Rica s'il venait dans votre pays.

Logement, urbanisme	Transports	Relations avec la population locale	Rythme de vie	Autres

C. Reprenez vos notes et écrivez, sur une feuille à part, une « lettre persane à (votre ville) » en vous mettant à la place d'un visiteur étranger et en gardant la structure de la lettre de Rica.

3. AILLEURS...

A. À partir des définitions ci-dessous ainsi que de vos propres réflexions, répondez aux questions.

Ailleurs : lieu où l'on n'est pas (opposé à l'ici), avec ce qu'il comporte de connaissances nouvelles et d'enseignements.
« Ce qui fait le charme et l'attrait de l'ailleurs [...] c'est que tout nous y paraît neuf, nous surprend et se présente à notre œil dans une sorte de virginité. » (André Gide)

Exotisme : qui n'appartient pas à la civilisation de référence (celle du locuteur) ; qui est apporté de pays lointains. « Une œuvre d'art est appelée exotique non pas à cause de la seule présence d'éléments étrangers [...] mais lorsqu'elle est inspirée par les émotions provoquées par l'évocation de pays étrangers ou par leur contact ... ». (Mario Paz)

1. Selon vous, pourquoi dit-on que l'ailleurs comporte des connaissances nouvelles et des enseignements ?

   ....

2. Comment comprenez-vous l'expression « dans une sorte de virginité » ?

   ....

3. Qu'appelle-t-on ici « civilisation de référence » ?

   ....

4. À votre avis, quelle est la relation entre exotisme et émotion ?

   ....

B. Écoutez la conversation suivante et dites quels pays sont présentés comme particulièrement exotiques par chacune des trois personnes et pour quelles raisons. *(Piste 24)*

Aurélie :
Pays : .... Raisons : ....

Isaac :
Pays : .... Raisons : ....

Emma :
Pays : .... Raisons : ....

4. « JE » EST UN AUTRE

A. Reprenez les documents du **Livre de l'élève (**p. 111 et 112) et essayez de dégager une problématique pour chacun des trois textes sur le thème de l'altérité. Pour vous aider, vous pouvez essayer de répondre aux questions suivantes.

- De quoi parle le texte ?
- Quelle est la question centrale ?
- En quoi et pour qui cette question est-elle importante ?

- Comment cette question est-elle mise en perspective ? (point de vue chronologique, par rapport à un fait d'actualité, par rapport à une expérience personnelle, etc.)

B. Choisissez un sujet parmi les trois proposés ci-dessous et imaginez les grandes lignes d'un plan pour un exposé sur ce thème. (Voir L'EXPOSÉ p. 140)

1. Les voyages et la recherche de l'exotisme.
2. La migration volontaire ou forcée.

3. La rencontre de l'autre et l'enrichissement personnel.

5. CARNET DE VOYAGE

A. Lisez l'extrait du carnet de voyage suivant et entourez l'indicateur temporel qui convient.

le Machu Picchu

Je suis arrivée il y a **depuis / auparavant / maintenant** une semaine à Cusco, au Pérou. Je voulais **d'abord / auparavant / depuis longtemps** connaître la capitale de l'empire Inca : **j'avais déjà / de temps en temps / depuis longtemps** voyagé en Amérique du Sud mais je n'avais pas **encore / toujours / souvent** eu l'occasion de faire ce voyage. J'avais un peu peur d'avoir le « mal de l'altitude » à près de 3 500 mètres, mais je me suis **tout à coup / tout de suite / ensuite** habituée. **Deux jours après / dès que / ensuite** mon arrivée, je suis allée découvrir les villages environnants : j'ai particulièrement aimé les villages de Pisac et d'Urubamba. **Pendant / Au bout de / Longtemps après** quelques heures de marche dans une nature superbe, on peut découvrir des sites archéologiques et naturels époustouflants ! **Au fur et à mesure que / Pendant que / Aussitôt que** je découvre le Pérou, ce pays me plaît de plus en plus. **Hier / Le lendemain / Demain** je pars pour Ollantaytambo et **ensuite / en même temps / alors** le Machu Picchu… J'ai hâte d'y être !

B. Dites pour chacun des connecteurs temporels que vous avez choisi ce qu'il exprime.

Connecteurs temporels	Fréquence	Durée	Soudaineté	Action antérieure
. . . .				
. . . .				
. . . .				
. . . .				
. . . .				
. . . .				
. . . .				
. . . .				
. . . .				

6. À COUPER LE SOUFFLE

A. Comment réagissez-vous face à ce type de situation ?

Agacé – Amoureux – Amusé – Captivé – Déçu – Émerveillé – Enthousiaste
Joyeux – Nostalgique – Révolté – Stupéfait – Triste

1. Cette compagnie aérienne est toujours en grève : je suis ....

2. Ce pays a beaucoup changé ces dernières années : je suis ....

3. C'est dingue qu'il y ait encore des frontières de nos jours ! : je suis ....

4. Je me souviendrai toute ma vie de la première fois que j'ai vu ce paysage… : je suis ....

5. J'aurais tellement aimé faire ce voyage… : je suis ....

6. Je suis ravie de pouvoir vous faire découvrir mon pays ! : je suis ....

7. Je n'en reviens pas que les gens ici mangent du chien ! : je suis ....

8. Ce paysage est à couper le souffle ! : je suis ....

B. Lisez les phrases de l'activité A en mettant l'intonation. Enregistrez- vous.

C. Écoutez et vérifiez.

Piste 25

7. LES FIGURES DE STYLE

A. Créér le même réseau de mots que dans l'exemple ci-dessous pour *partir* et *monde*.

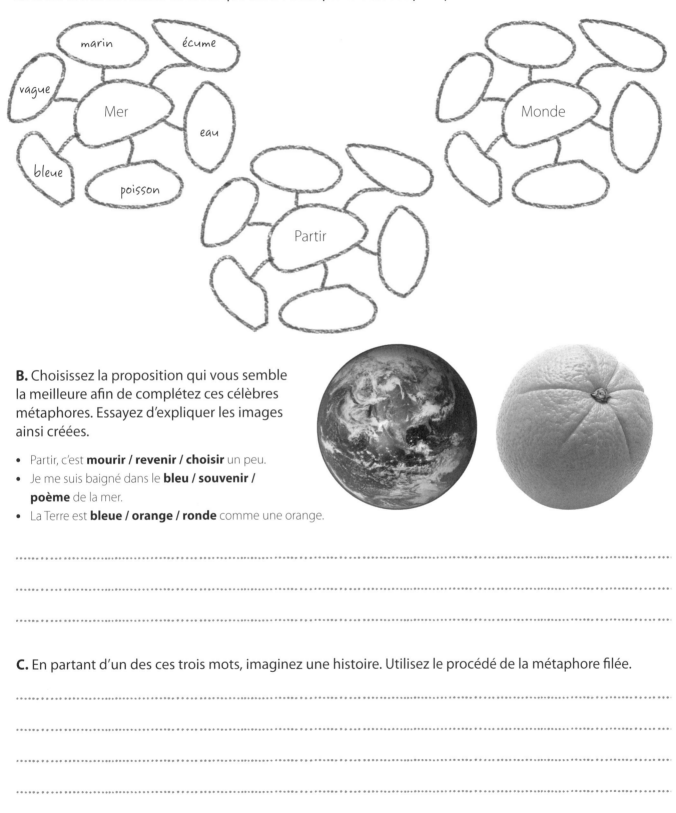

marin

écume

vague

Mer

eau

bleue

poisson

Partir

Monde

B. Choisissez la proposition qui vous semble la meilleure afin de complétez ces célèbres métaphores. Essayez d'expliquer les images ainsi créées.

- Partir, c'est **mourir / revenir / choisir** un peu.
- Je me suis baigné dans le **bleu / souvenir / poème** de la mer.
- La Terre est **bleue / orange / ronde** comme une orange.

....

....

....

C. En partant d'un des ces trois mots, imaginez une histoire. Utilisez le procédé de la métaphore filée.

....

....

....

....

....

8. RÉCIT DE VOYAGE

A. Lisez ces notes prises par Lucie lors de son séjour au Maroc et observez les documents. Utilisez-les pour raconter son voyage.

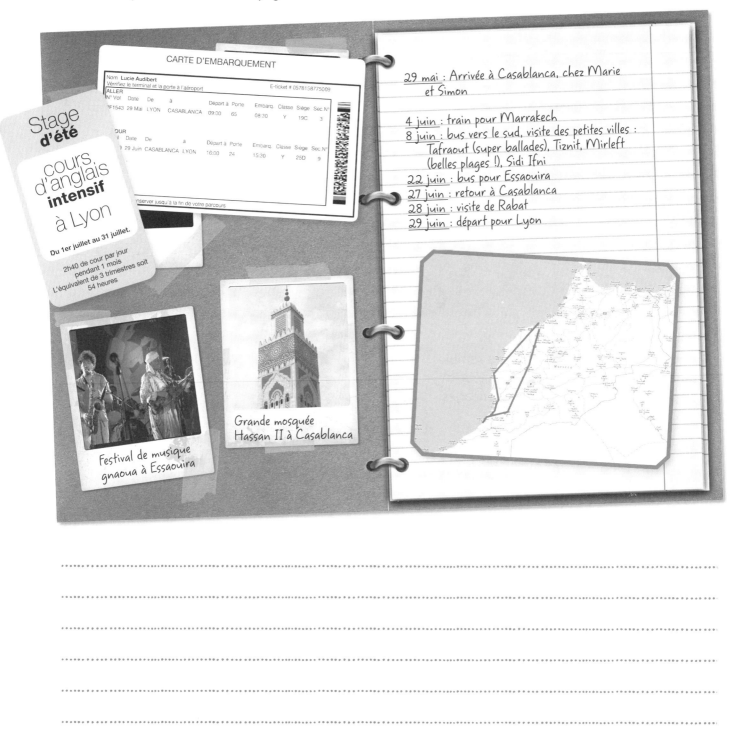

CARTE D'EMBARQUEMENT

Nom: **Lucie Audibert**
Vérifiez le terminal et la porte à l'aéroport
E-ticket # 0578158775009
ALLER
N° Vol | Date | De | à | Départ | Porte | Embarq. | Classe | Siège | Sec.N°
PF1543 | 29 Mai | LYON | CASABLANCA | 09:00 | 65 | 08:30 | Y | 19C | 3

Date | De | à | Départ | Porte | Embarq. | Classe | Siège | Sec.N°
29 Juin | CASABLANCA | LYON | 16:00 | 24 | 15:30 | Y | 25D | 9

Conserver jusqu'à la fin de votre parcours

Stage d'été
cours d'anglais **intensif** à Lyon
Du 1er juillet au 31 juillet.
2h40 de cour par jour pendant 1 mois
L'équivalent de 3 trimestres soit 54 heures

Festival de musique gnaoua à Essaouira

Grande mosquée Hassan II à Casablanca

29 mai : Arrivée à Casablanca, chez Marie et Simon

4 juin : train pour Marrakech
8 juin : bus vers le sud, visite des petites villes : Tafraout (super ballades), Tiznit, Mirleft (belles plages !), Sidi Ifni
22 juin : bus pour Essaouira
27 juin : retour à Casablanca
28 juin : visite de Rabat
29 juin : départ pour Lyon

B. Sur une feuille à part, essayez de rendre ce récit plus littéraire en mettant les verbes au passé simple. Si nécessaire, vous utiliserez un registre de langue plus élevé.

9. PAR LES SENTIMENTS

A. Classez les adjectifs suivants selon le sentiment qu'ils expriment (positif, négatif ou les deux).

	Sentiment positif	Sentiment négatif	Peut exprimer les deux
Magnifique	□	□	□
Incroyable	□	□	□
Fascinant	□	□	□
Merveilleux	□	□	□
Décevant	□	□	□
Agaçant	□	□	□
Fantastique	□	□	□
Révoltant	□	□	□
Honteux	□	□	□
Inadmissible	□	□	□
Stupéfiant	□	□	□

B. Complétez ces phrases en utilisant les adjectifs de l'activité A.

Selon vous :

- le fait que des gens doivent quitter leur pays, c'est ....
- les voyages organisés, c'est ....
- le tourisme de masse, c'est...............................
- les compagnies aériennes à bas prix, c'est ....
- pouvoir voyager partout dans le monde ....

10. UN MONDE DE SENSATIONS

Connaissez-vous les cinq sens en français ? Reprenez dans le **Livre de l'élève** les textes de Jean Giono (p.113) et de Charles Baudelaire (p.119) et relevez les mots qui expriment des sensations. Placez-les dans le tableau que vous aurez complété au préalable.

La vue	Le toucher	...	...	...

11. LE PLUS BEL ENDROIT DU MONDE

Partagez avec les internautes ce qui est pour vous le plus bel endroit du monde. Vous avez beaucoup voyagé et vous avez trouvé des lieux qui vous ont marqués par leur beauté ? Ou bien le lieu qui est, pour vous, le plus beau du monde se trouve près de chez vous, voire même chez vous ? Peu importe ! Partagez ce lieu avec les visiteurs de Babelweb !

Prenez un peu de temps pour réfléchir à ce qui est, pour vous, le plus bel endroit du monde que vous connaissiez.

Présentez cet endroit à l'ensemble votre groupe-classe.

Si d'autres personnes aiment le lieu que vous avez présenté, vous pouvez constituer un groupe pour travailler ensemble en vue de la publication sur Babelweb.

Écrivez maintenant, seul ou en groupe, un petit texte qui présente ce lieu :

- décrivez le lieu ;
- indiquez où il se trouve si c'est un endroit peu connu ;
- indiquez éventuellement ce que vous y avez vécu ;
- précisez pourquoi vous le trouvez spécial ;
- etc.

Si vous avez des photos de ce lieu, apportez-les au cours suivant et choisissez celle/s que vous voulez publier pour accompagner votre texte.

Si besoin, vous pouvez rédiger une petite légende à votre/vos photos.

Publiez votre texte sur le blog de Babelweb.

Visitez les pages des autres membres de votre groupe-classe (elles seront accessibles après modération par l'équipe de Babelweb, en 24h maximum) et commentez éventuellement leurs contributions.

Vous pouvez aussi chercher si d'autres personnes ont déjà présenté le lieu que vous avez choisi ou d'autres lieux que vous connaissez. N'hésitez pas à commenter leurs articles.

http://m3.babel-web.eu/

Annexes

▶ Culture

Courrier International

Courrier International est un hebdomadaire francophone qui offre chaque semaine une sélection traduite en français des articles les plus intéressants, originaux et d'actualité recueillis dans la presse du monde entier. Depuis sa création en 1990, *Courrier international* a repris dans ses colonnes 1 300 journaux différents, depuis le *New York Times* jusqu'au *Quotidien des Maldives*. Doté de la « plus grande rédaction du monde », *Courrier international* suit l'actualité mondiale et offre à ses lecteurs, par la confrontation des points de vue, une ouverture pertinente et multiculturelle sur la complexité du monde.
Le journal a fêté ses vingt ans le 9 septembre 2010 et s'est doté d'un nouveau slogan : « L'anticipation au quotidien ».

Connaissiez-vous déjà ce journal ? Expliquez avec vos propres mots en quoi il propose « une ouverture pertinente et multiculturelle sur la complexité du monde ».

Rendez-vous sur le site internet de *Courrier International* et cherchez quels journaux de votre pays sont cités. Les connaissez-vous ? Les lisez-vous habituellement ?

Désirée Palmen

Artiste Néerlandaise née en 1963, Désirée Palmen est photographe et peintre. Ses œuvres interrogent sur la possibilité d'échapper à tous les systèmes de surveillance qui se développent dans les villes du monde moderne. Elle débute sa série « Camouflage » en 1999, en réaction à l'installation de caméras de surveillance à Rotterdam, sa ville natale. La démarche de Désirée Palmen est la suivante : elle repère des lieux sous surveillance qui peuvent être des banques ou des édifices publics, mais aussi des bancs, des arrêts de bus, des banquettes de métro, etc. Elle les photographie et les reproduit sur des vêtements. Elle se met ensuite en scène dans ce lieu avec sa « tenue de camouflage » et prend des photos. Le travail de cette artiste est un véritable questionnement sur le monde de la surveillance et sur les moyens dont dispose le citoyen pour y échapper.

Rendez-vous sur le site de l'artiste pour découvrir son travail (www.desireepalmen.nl). Que pensez-vous de sa démarche ?
Votre ville est-elle équipée de caméras de vidéo-surveillance ?
● Si oui, dans quel but et pour quels résultats ?
● Si non, souhaiteriez-vous l'installation de caméras ? Pourquoi ?

Les dépenses de santé

Observez les statistiques suivantes et comparez les différents pays.

Pays	Dépenses totales en médicaments par habitant (en euros)	Dépenses publiques en médicaments par habitant (en euros)	Dépenses publiques en médicaments par rapport aux dépenses totales (%)
États-Unis	790	248	31,4
Canada	621	236	38,0
France	528	367	69,4
Belgique	509	287	56,3
Espagne	505	366	72,6
Allemagne	487	370	75,9
Japon	453	325	71,7
Islande	403	180	44,8
Suède	400	233	58,1
Slovaquie	391	270	69,1
Hongrie	390	228	58,5
République tchèque	314	207	66,0
Mexique	177	38	21,2

Éco-Santé OCDE 2009, adapté d'un tableau canadien déjà adapté du tableau 4 du rapport de l'OCDE

Si votre pays se trouve dans la liste, êtes-vous surpris par les chiffres présentés ?

Si votre pays ne se trouve pas dans la liste, quelle place pensez-vous qu'il occuperait dans ce classement ?

Les dépenses de santé sont-elles élevées dans votre pays ?

Quelle est la part dépensée par l'État ? Et celle du patient ? Pensez-vous que dans votre pays on consomme trop de médicaments ? Pourquoi ?

Des racines et des ailes

Un Français sur cinq est d'origine étrangère, saurez-vous retrouvez quelle est celle des personnalités suivantes.

Algérienne
Arménienne
Bulgare
Hongroise
Iranienne
Italienne
Sénégalaise
Marocaine
Polonaise (x 2)
Russe
Serbe

Zinedine Zidane : ....

Nicolas Sarkozy : ....

Omar Sy : ....

Enki Bilal : ....

Serge Gainsbourg : ....

Sylvie Vartan : ....

Marie Curie : ....

Charles Aznavour : ....

Guillaume Apollinaire : ....

Marjane Satrapi : ....

Jamel Debbouze : ....

François Cavanna : ....

Seniors célèbres

Retrouvez les personnalités qui se cachent derrière les portraits suivants.

◯ Henri Cartier Bresson   ◯ Stéphane Hessel   ◯ Claude Lévi-Strauss   ◯ François Mitterrand

1. Homme d'État français né en 1916, il a été le 21e Président de la République et celui qui a exercé le plus long mandat. Élu pour la première fois en 1981, il fut réélu pour un second mandat (à l'époque, un septennat) en 1988, à l'âge de 72 ans.

2. Photographe né en 1908, il est considéré comme l'un des pionniers du photojournalisme allié à la photographie d'art. Il est cofondateur de la célèbre agence Magnum aux côtés de Robert Capa et David Seymour. Décédé en 2004, sa longévité lui a valu le surnom de « l'œil du siècle ».

3. Né à Bruxelles en1908, ce célèbre anthropologue et ethnologue est l'une des principales figures des sciences humaines au XXe siècle. Son ouvrage le plus connu, *Tristes tropiques*, publié en 1955, est devenu un best-seller traduit en 27 langues. Mort en 2009, il a été le premier centenaire membre de l'Académie française.

4. Diplomate, militant politique et écrivain français né en 1917 à Berlin, il a participé à la rédaction de la *Déclaration universelle des droits de l'homme*. Il connaît la célébrité en 2010, à l'âge de 93 ans, suite à l'énorme succès de son essai, *Indignez-vous !*, qui a largement inspiré le mouvement 15-M –aussi dit des Indignés- en Espagne.

L'alliance française

L'Alliance française a été créée le 21 juillet 1883 à l'initiative d'un comité réunissant des personnalités comme Ferdinand de Lesseps, Louis Pasteur, Ernest Renan, Jules Verne et Armand Colin, dans le but de renforcer le rayonnement culturel français à l'étranger. Aujourd'hui connue comme la Fondation Alliance française, elle est liée au ministère français des Affaires étrangères et européennes par une convention annuelle.

Les Alliances françaises installées dans les pays étrangers sont généralement nées d'initiatives locales et sont très intégrées dans la vie des pays. Associations de droit local, elles sont indépendantes de La Fondation, tant statutairement que financièrement, et fonctionnent comme des franchises. La Fondation Alliance française est propriétaire de la marque « Alliance française » et accorde le droit de l'utiliser après examen des statuts et des objectifs annoncés.

L'Alliance française est-elle présente dans votre pays ? Quelles sont ses activités ? Avez-vous déjà participé à l'une d'elles ? Selon vous, qu'apporte le fait que les Alliances françaises fonctionnent sous un statut associatif ?

Les grandes écoles

Selon la définition du ministère de l'Éducation nationale français, une grande école est un « établissement d'enseignement supérieur qui recrute ses élèves par concours et assure des formations de haut niveau ». Saurez-vous associer chacune de ces grandes écoles à son nom d'usage puis à la présentation qui lui correspond ?

École nationale d'administration ■
École normale supérieure ■
École des mines de Paris ■
Institut d'études politiques ■
École des hautes études commerciales ■
École polytechnique ■

■ X
■ MINES Paris Tech
■ HEC
■ ENA
■ IEP/Sciences Po
■ Normale Sup

.... : grande école qui a pour mission la formation initiale d'ingénieurs généralistes aux disciplines du génie mécanique, du génie énergétique et du génie industriel.

.... : école d'ingénieurs française fondée en 1794 sous le nom d'École centrale des travaux publics. Elle est considérée comme l'institution scientifique française la plus prestigieuse par le MIT (l'Institut de Technologie du Massachusetts).

.... : grande école chargée d'assurer la formation des hauts fonctionnaires français et internationaux. Les anciens élèves sont appelés « énarques ». Ceux-ci ont joué un rôle central dans la vie politique française depuis la deuxième partie du 20è siècle.

.... : grand établissement public d'enseignement supérieur français ayant pour vocation de diffuser les savoirs et de développer la recherche sur les questions politiques contemporaines, incluant les questions sociales, internationales et économiques.

.... : grande école française créée en 1881, gérée et financée par la chambre de commerce et d'industrie de Paris, elle propose différentes formations au management et à l'entrepreneuriat.

.... : établissement supérieur pour les études prédoctorales et doctorales et haut lieu de la recherche française. Il accueille quatorze départements d'enseignement et de recherche qui couvrent l'essentiel des disciplines littéraires et scientifiques.

Les grandes manifs

La France a connu de nombreuses grèves et manifestations au cours de son histoire. Voici quelques unes des principales du début du XXe siècle à nos jours. Saurez-vous indiquer leur date ?

| 1906 | 1936 | 1968 | 1995 | 2010 |

.... : Grève générale spontanée suite à la victoire électorale du Front populaire, instauration des congés payés.

.... : Grève contre la réforme des retraites. Le 23 septembre, 3 millions de personnes ont manifesté dans 239 villes en France, dont 300 000 à Paris.

.... : Grève générale emblématique du XXe siècle, débutée au mois de mai. Aux manifestations étudiantes et aux occupations de locaux universitaires s'ajoutent de nombreux salariés de différents secteurs économiques qui se mettent en grève, réunissant près de 10 millions de personnes.

.... : La première grève nationale de revendication du 20e siècle afin d'obtenir la réduction du temps de travail à 8 heures par jour. La loi sur la journée de 8 heures sera finalement votée en 1919.

.... : Mouvement de grande ampleur dans la fonction publique et le secteur privé en réaction au « plan Juppé » sur la réforme des retraites et de la Sécurité sociale. Cette année-là, le nombre de jours de grèves a été six fois supérieur à celui de la période 1982-1994.

> Le saviez-vous ? Le mot français « grève » tire son nom de la place de Grève à Paris. Cette place, située au bord de la Seine, était un des principaux points d'arrivée des bateaux où les hommes sans emploi se retrouvaient pour se faire embaucher pour les chargements et les déchargements.

Utopia, cinéma militant !

Utopia est un réseau français de cinémas indépendants implantés dans plusieurs villes de France et dotés du label « Art et essai ». Les films programmés viennent du monde entier et sont projetés en VOSTF. Seuls les films pour enfants sont diffusés en version française. Les cinémas Utopia sont aussi un lieu de rencontre avec les réalisateurs qui sont régulièrement invités à présenter leurs films et à dialoguer avec les spectateurs. Ils sont également lieu de débat sur les sujets de société, ceux-ci étant généralement organisés après la projection d'un film traitant d'un sujet donné. Les cinémas Utopia se définissent comme un « projet d'animation culturelle cinématographique de proximité », ils entendent contribuer à la diversité culturelle locale et à la création de lien social.

> Savez-vous ce qu'est un cinéma « Art et essai » ? Que signifient les initiales VOSTF ? Existe-t-il dans votre pays un cinéma de ce genre ? Pensez-vous qu'une salle de cinéma puisse contribuer à la diversité culturelle et à la création de lien social ?

Transcriptions audio

▸ Transcriptions des enregistrements

UNITÉ 1

Piste 1 - Activité 1A

● Marc : Vous avez vu le journal ce matin ?

○ Audrey : Oui, m'en parle pas, Air France est encore en grève ! Et moi qui pars à Marseille ce week-end… je suis bonne pour prendre le train !

■ Sophie : Non, je ne pense pas : ici ils disent que le trafic est presque normal et que presque tous les vols sont assurés. D'ici ce week-end il ne devrait plus y avoir de perturbations.

○ Audrey : J'espère, parce que ça fait déjà deux semaines qu'ils font grève ! D'un côté, je les comprends, mais d'un autre, c'est vraiment pénalisant pour les usagers…

● Marc : Mais enfin, vous avez pas vu ? La grande nouvelle, c'est quand même que le sept-milliardième être humain est né !!!

○ Audrey : Le quoi ?!

● Marc : Le sept-milliardième ! Ça y est ! On est sept milliards d'habitants sur la planète ! Un sacré paquet !

○ Sophie : Incroyable ! Fais-voir ! Une petite fille aux Philippines…

● Marc : Oui, enfin il y en a qui disent que c'est une petite fille née en Inde…

○ Sophie : Pff… impossible de savoir, c'est vraiment juste pour dire quelque chose… Oh, et t'as vu ? Ryuichi Sakamoto est en concert à la fin du mois à la Cité de la musique ! On y va ? J'ai très envie de le voir !!!

● Marc : Le pianiste japonais ? Heu… oui, pourquoi pas ? À la fin du mois, laisse-moi réfléchir…

○ Sophie : Ben réfléchis vite ! C'est une tournée européenne et il ne fait qu'une seule date en France, il faut réserver les places dès maintenant … Et toi, Audrey ? Ça te dit ?

Piste 2 - Activité 7A

● Établie à la fin des années 1940 par un ingénieur de l'US Air Force qui lui donna son nom, la loi de Murphy est dotée d'amusantes extensions dont la plus célèbre est sans aucun doute la loi de la tartine beurrée. Nous recevons aujourd'hui le scientifique Robert Matthieu afin de répondre à cette grande question : la tartine tombe-t-elle toujours du côté du beurre ?

○ Eh bien, malheureusement, oui ! Nous avons testé de manière détaillée la dynamique de la tartine tombant de la table et la première conclusion est que généralement la tranche de pain n'a pas le temps de faire un tour complet.

● Ce n'est donc pas à cause du type de pain, ou du poids du beurre que la tartine se retourne ?

○ Selon notre étude, l'élément principal qui détermine le drame est la hauteur de la table, qui est elle-même déterminée par la hauteur de l'humain moyen, donc par l'évolution de l'espèce.

● La chute de la tartine dépend donc exclusivement de la hauteur de la table ?

○ Non, pas seulement : sont aussi impliquées la vitesse de la lumière et les lois de la gravitation. Au final, tous les organismes humains sont destinés à expérimenter à leurs dépens la loi de Murphy appliquée à la tartine.

● Pour confirmer vos résultats, vous avez effectué un immense test dans tout le pays, pouvez-vous nous dire en quoi consistait ce test ?

○ Eh bien, à beurrer des tartines, bien sûr !

● Et les résultats ont été concluants ?

○ Assez significatifs je dirais : sur plusieurs milliers de chutes de tartine, 62 % ont effectivement atterri sur le côté beurré, ce qui est largement plus que ce que le simple hasard permettrait. Donc, on peut dire que si la tartine tombe toujours du mauvais côté, c'est tout simplement parce que les lois de la nature sont contre nous !

● Et les 38 % restants ?

○ Ils avaient beurré leurs tartines du mauvais côté !!!

UNITÉ 2

Piste 3 - Activité 1A

● Alex Türk, bonjour…

○ Bonjour.

● … vous êtes le président de la Commission Nationale de l'Informatique et des Libertés, la CNIL. La CNIL en quelques chiffres, c'est chaque année 120 000 appels téléphoniques, 5 000 plaintes ou demandes de conseil, 270 contrôles, 13 millions d'euros de budget… Tout le monde en a entendu parler, mais précisément, la CNIL qu'est-ce que c'est ?

○ Bonjour, alors comme vous venez de le dire, la CNIL c'est la Commission Nationale de l'Informatique et des Libertés, c'est une autorité administrative indépendante qui se charge de faire appliquer la loi *Informatique et Libertés*. Qu'est-ce que ça veut dire ? Qu'elle veille à la protection des données personnelles recueillies dans les systèmes informatiques afin de garantir le respect de la vie privée et des libertés individuelles et publiques des personnes. Elle veille également à ce que tout citoyen puisse accéder aux données le concernant.

● Et quelles sont exactement ses fonctions ?

○ Ses fonctions principales sont d'informer et de protéger les citoyens, mais aussi de réguler et de contrôler, et au besoin de sanctionner le mauvais usage des informations personnelles.

● Et n'importe qui peut vous consulter ?

○ Bien sûr, toute personne peut s'adresser à la CNIL en cas de difficulté dans l'exercice de ses droits. Ce que les gens doivent savoir c'est que toute personne peut prendre connaissance des données la concernant dans un fichier, qu'elle a la possibilité de s'opposer – pour motif légitime – à figurer dans un fichier, qu'elle peut refuser sans avoir à se justifier que les données qui la concernent soient utilisées à des fins commerciales et qu'elle peut faire rectifier, compléter, actualiser ou effacer des informations la concernant. C'est très important que les gens sachent cela, et c'est la première fonction de la CNIL, d'informer les citoyens à ce sujet. Et je vous remercie d'y participer en m'accordant cet espace de parole !

● Mais la CNIL peut-elle réellement sanctionner les personnes ou les entreprises qui font un mauvais usage des données personnelles ?

○ Tout à fait ! Elle peut notamment prononcer des avertissements rendus publics ou, si cela n'est pas suffisant, établir des sanctions pécuniaires qui peuvent aller jusqu'à 300 000 euros ou encore dénoncer au Procureur de la République des infractions à la loi *Informatique et Libertés*.

● En effet, c'est du concret ! J'espère que nos auditeurs auront bien pris note et qu'ils n'hésiteront pas à vous contacter si nécessaire, à travers votre site web : www.cnil.fr ou par téléphone au 01 53 73 22 22. Merci beaucoup Alex Türk pour toutes ces informations !

○ C'est moi qui vous remercie.

Piste 4 - Activité 4A

Aujourd'hui dans *Un livre / Un jour* nous parlerons de l'ouvrage de Nina Testut, *Facebook, et moi ! et moi ! et moi !* Alors, Facebook, phénomène de société ou expression d'un narcissisme contemporain ? Entre enquête sociologique, roman et pamphlet, l'auteure nous décrit plusieurs points de vue à travers différents personnages réels ou inventés et leur rapport à leur image sur Internet. Leur image ou plutôt leurs images : celle qu'ils ont, celle qu'ils se créent, celle qu'ils souhaiteraient avoir. En effet, selon l'auteur, le réseau social ne serait au fond qu'un théâtre qui nous permettrait de nous créer une ou plusieurs identités, un théâtre où l'on serait à la fois auteur de notre personnage et spectateur de ceux des autres. Dans ce livre, toutes les questions sont posées : qu'est-ce qu'un « ami » sur Facebook ? Faut-il accepter tout le monde ? Faut-il ou pas avoir dans ses contacts sa famille, son patron ? A-t-on au fond vraiment envie de retrouver ses copains d'école que l'on a pas vu depuis 20 ans ? Les amis de Facebook sont-ils réellement des amis dans la vie ? Faut-il garder son ex dans ses contacts ? Un point particulièrement intéressant est l'analyse que fait l'auteure du nombre d'amis à avoir sur Facebook. Elle cite ici l'anthropologue britannique Robin Dunbar, et sa théorie selon laquelle le cerveau humain n'a pas la capacité de gérer des relations interpersonnelles au-delà d'un réseau de 150 personnes. Nombre qui, appliqué aux réseaux sociaux, présenterait une moyenne de contact entre 100 et 120 afin de conserver avec eux un minimum d'interaction. Sinon on peut toujours s'inscrire au groupe : « J'ai 200 amis sur Facebook et personne avec qui déjeuner à la cantine » !

Piste 5 - Activité 4B

Nous sommes donc allés à la rencontre de nos auditeurs pour leur demander combien de contacts ils avaient et comment ils géraient leurs amitiés facebookiennes :

Personne 1 : Moi j'ai très peu d'amis sur Facebook, peut-être 15 ou 16, mais ce sont mes amis pour de vrai : je les connais, on fait des choses ensemble. Mais honnêtement, je l'utilise très peu et je ne vais jamais voir mon profil. Pour quoi faire si je vois mes amis presque toutes les semaines ?

Personne 2 : Moi je dois avoir maintenant… heu… pas loin de 900 amis… heu… bon évidemment je ne les connais pas tous, mais dans mon travail c'est important d'avoir un grand réseau, les gens se connaissent entre eux et quand ils voient le nombre de mes amis, ils se disent que ça doit être quelqu'un d'important, alors ils me sollicitent, c'est comme un cercle vicieux… et non, je ne refuse personne, parce qu'on ne sait jamais… n'importe qui peut devenir un jour un contact utile.

Personne 3 : Moi j'ai une centaine d'amis, c'est vrai que ça évolue peu : au fur et à mesure que j'élimine des contacts avec qui je n'ai pas de relation, je m'en fais des nouveaux, donc le nombre de mes « amis » reste toujours à peu près le même. J'essaie de garder le contact avec tout le monde, même si c'est un peu difficile. Mais il faut dire que je voyage beaucoup et que j'ai beaucoup d'amis à l'étranger, donc c'est un moyen super pour garder le contact avec eux, voir ce qu'ils font, leurs photos… ça permet de réduire la distance et d'être un peu avec eux, même virtuellement.

UNITÉ 3

Piste 6 - Activité 1A

On dit de lui qu'il est le nectar des dieux, symbole de bonheur et de longévité. Non seulement il a bon goût, mais en plus, il soigne. Les vertus thérapeutiques du miel ne sont plus aujourd'hui à démontrer : parce qu'il est riche en éléments nutritifs mais aussi antiseptiques, cicatrisants, voire anti-inflammatoires, le miel a toujours été prisé pour ses vertus curatives. En Grèce, on offrait aux dieux de l'Olympe un mélange de miel et de lait, appelé ambroisie. Quant aux Égyptiens et aux Hébreux, ils ont très vite utilisé le miel pour en humecter les lèvres des nouveau-nés ou pour embaumer leurs morts.

Piste 7 - Activité 1C

● De nos jours, l'apithérapie fait un retour en force non seulement dans le monde des médecines alternatives mais également dans les revues scientifiques et en milieu hospitalier. Pour nous en parler plus en détails, nous recevons aujourd'hui dans *Le magazine de la santé* le professeur Albert Becker, président de l'AFA, l'Association Francophone d'Apithérapie. Albert Becker, bonjour…

○ Bonjour.

● Alors, l'apithérapie, qu'est-ce que c'est ?

○ L'apithérapie, c'est avant tout une science millénaire, qui est redécouverte peu à peu aujourd'hui et qui consiste à utiliser les produits des abeilles pour la santé.

● Vous dites « les produits des abeilles », donc le miel ?

○ Pas seulement, nos butineuses produisent un tas de substances extrêmement bénéfiques pour notre santé : il y a le miel, bien sûr, mais aussi le pollen, le propolis, la gelée royale, la cire ou encore le venin d'abeille, mais ça c'est l'apipuncture, c'est encore autre chose.

● Revenons au miel, son usage médical se développe ces dernières années parait-il…

○ Tout à fait ! Le miel a toujours été très utile pour adoucir les gorges inflammées ou pour soulager les brûlures

et cicatriser les plaies. Cette dernière utilisation est aujourd'hui très répandue, surtout à l'étranger. En Angleterre, aux États-Unis et en Allemagne, le miel est couramment employé par les infirmières, dans les dispensaires et hôpitaux, pour faire des pansements aux patients dont les plaies cicatrisent difficilement.

● Et en France ?

○ En France, le pionnier de l'utilisation du miel pour la cicatrisation en milieu hospitalier est le professeur Bernard Descottes, chirurgien au CHU de Limoges et fondateur de l'AFA. Aujourd'hui, quelques services hospitaliers français suivent son exemple mais son usage est encore trop peu développé.

● Pourquoi trop peu ?

○ Parce que le miel est une excellente alternative aux produits antiseptiques pharmaceutiques : il est généralement très bien toléré, il a un effet très rapide et indolore et surtout il est beaucoup moins cher !

● Merci beaucoup Albert Becker pour toutes ces informations. Si nos auditeurs veulent en savoir davantage sur l'apithérapie, ils peuvent se rendre sur le site de l'AFA : www.apitherapiefrancophone.com.

Piste 8 - Activité 4B

● T'as vu les résultats de l'enquête de *Marie-Laure* ?

○ Quoi ? Celle sur le bonheur ? Oui, j'ai regardé rapidement. J'ai vu que la réponse numéro 1 était la stabilité économique, c'est sûrement à cause de la crise… parce que quand même il y a des choses plus importantes que d'avoir une bonne situation, non ? Moi j'aurais mis en premier avoir une bonne santé !

● Cette réponse, elle arrive en troisième position, après « être amoureux »… que c'est romantique !!!

○ Oui, j'y crois pas trop à ces réponses : être amoureux serait plus important qu'être en bonne santé ou avoir des enfants…

● Alors les enfants, ils arrivent en quatrième place, *ex aequo* avec « faire un travail que l'on aime »… J'imagine que ça dépend si tu privilégies la vie de famille ou la carrière professionnelle !

○ Oui, ou de l'âge des personnes qui répondent, ce sont des étapes vitales différentes. Alors, par contre, dans la thématique de la famille, tu as vu que le mariage arrive en dernière position !

● Ça t'étonne ? Moi, je trouve ça normal ! Qui se marie encore de nos jours ?

○ Oui, j'avoue que ça me surprend un peu ces résultats… c'est comme de voir que la situation économique occupe la première place mais, que par contre, avoir un emploi stable arrive en avant-dernière position, juste après « avoir beaucoup d'amis » ! Et comment tu fais pour avoir une bonne situation sans un emploi stable ? Tu gagnes au loto ?

● C'est vrai, ça reste un test de magazine, ça n'a pas non plus de valeur scientifique ou sociologique, attention ! Il ne faut pas le prendre trop au sérieux… Mais moi je m'y retrouve un peu quand même, et puis regarde, en 6 et 7, « être propriétaire de sa maison » et « vivre dans une ville agréable », je suis d'accord, c'est important…

○ Selon moi, ce n'est certainement pas plus important que d'avoir des amis ou de se marier. Parce qu'être dans une ville sympa mais seule, je vois pas trop l'intérêt !

● Mais si la ville est sympa, tu te fais plus facilement des amis !

○ Mouais… Oh, c'est ma station ! Je descends ! Allez, je te laisse à ton magazine, à plus !

● Ciao !

UNITÉ 4

Piste 9 - Activité 1A

Personne 1 :

Oh ! C'est certainement plus difficile d'être jeune aujourd'hui, ça, c'est sûr, surtout pour trouver un emploi ! À mon époque, si vous aviez la chance de faire des études, vous trouviez un travail tout de suite après ! Et puis c'était pour toute la vie, alors que maintenant, les jeunes ils mettent parfois des années à décrocher leur premier emploi, et c'est souvent un CDD de 6 mois !

Personne 2 :

Je ne sais pas… ça peut vous sembler bizarre, mais je pense qu'au fond, ils ne sont pas si différents ; ce qui a changé, c'est la société, les aspirations, mais moi, les jeunes, je les comprends et je les trouve assez semblables à ma génération au même âge, finalement.

Personne 3 :

Moi, je pense que la situation s'est vraiment dégradée par rapport à mon époque. Pour les générations précédentes, la vie finalement était plus simple. Alors que maintenant, avec la crise et tout ça, je ne les envie vraiment pas et je suis bien content de ne pas avoir 20 ans aujourd'hui !

Personne 4 :

Certainement, le principal défaut de la génération actuelle, c'est l'égoïsme ! Chacun ne pense qu'à soi et à sa réussite personnelle. Il n'y a plus de conscience sociale ou d'envie de vivre en collectivité. Et surtout il n'y a plus du tout de respect pour les personnes âgées…

Piste 10 - Activité 6A

Selon l'ONU, le monde prend de l'âge. En 2050, on comptera plus de 2 milliards de personnes âgées de 60 ans et plus, contre 600 millions actuellement. Dans les pays développés, elles représenteront presque un tiers de la population. En Afrique, comme dans le reste du monde, on assiste à un vieillissement notable de la population : le nombre de « vieux » devrait passer de 5 % de la population, la moyenne actuelle, à 10 ou 15 %, voire 20 % dans certains pays du continent d'ici 50 ans… De plus en plus nombreuses, les personnes âgées ne sont plus aussi bien traitées par leur famille que le voulait la tradition et commencent à être confrontées à des situations de marginalisation et d'exclusion sociale. Tout le monde connaît la célèbre phrase d'Amadou Hampaté Bâ : « En Afrique un vieillard qui meurt, c'est une bibliothèque qui brûle » : traditionnellement gardiens de la tradition et de la transmission des savoirs, la place des aînés en Afrique est en pleine mutation. Problèmes de revenus, d'accès au logement, à la santé et à des loisirs adaptés… tels sont les principaux problèmes auxquels sont exposés les « vieux » africains. Le manque de revenus et l'accès au logement sont les problèmes les plus cruciaux pour les personnes âgées. Ce qui a poussé des pays comme le Burkina Faso à développer les centres sociaux destinés à les accueillir. De là à penser qu'on finira un jour par mettre les personnes âgées africaines dans des hospices, comme dans les pays riches, le pas est vite franchi. Cette perspective choque généralement les Africains peu habitués à traiter ainsi leurs aînés. Tchalla Tante Ngnandi, directrice d'un programme en faveur du troisième âge au ministère togolais de la Famille se déclare favorable à la création d'hospices, mais à l'africaine. C'est-à-dire la possibilité pour une famille, proche ou non, d'accueillir une personne âgée sous son toit, quitte à recevoir une aide financière de l'État. Finalement, si l'idée de création « d'une société pour tous les âges » a été perçue comme la consécration d'un modèle de société «à l'africaine», elle est aussi un avertissement pour l'Afrique. En effet, loin de tirer les leçons de l'expérience des pays du Nord, qui regrettent aujourd'hui la marginalisation de leurs personnes âgées, le continent - plus préoccupé par l'avenir de ses jeunes - dérive peu à peu vers les mêmes erreurs.

UNITÉ 5

Piste 11- Activité 1B

Râleurs, arrogants, snobs, romantiques, élégants, grossiers… les adjectifs ne manquent pas pour qualifier les Français ! Comment nous voit-on depuis l'étranger ? C'est la question que s'est posée le magazine *Sociétés en V.O* dans son numéro d'avril. Et les réponses sont parfois surprenantes… Malgré la mondialisation et les nouvelles techniques de communication, certains clichés ont la peau dure, comme de nous représenter avec un béret sur la tête ou en train de jouer à la pétanque. C'est principalement au niveau de l'alimentation que les étrangers nous trouvent un peu bizarres : si notre baguette et nos croissants sont très appréciés, notre goût pour les escargots ou la viande de cheval choque parfois au-delà de nos frontières ; pour ne pas parler des grenouilles, qui nous ont valu le surnom de « frogs » de la part de nos amis anglais… Et puis, gare aussi aux exagérations : la baguette quotidienne, d'accord, mais si on mangeait des croissants tous les matins comme beaucoup le pensent, on aurait un taux d'obésité alarmant ! Quant à nos habitudes culturelles, il est amusant de voir que les deux réponses qui reviennent le plus souvent sont la pétanque et la mode. Alors oui, Paris est toujours la capitale de la mode, mais pour la pétanque, par contre, c'est surtout dans le sud que ça se passe… on ne va tout de même pas lancer le cochonnet en escarpins Dior ! Autre contradiction : on nous décrit à la fois comme romantiques et sales ! Là alors, on est complètement dans le cliché… Pourquoi serions-nous plus romantiques ou moins propres que d'autres ? C'est un mystère, même si on dit bien qu'il « n'y a pas de fumée sans feu » ! Alors, non, on ne porte pas tous un béret, on ne porte pas tous des pulls rayés et on ne met pas notre baguette sous le bras… Enfin pas tout le temps !

Piste 12 - Activité 6B

Une amende de 3 000 euros a été requise jeudi contre les physionomistes de quatre discothèques du quartier des Champs-Élysées, jugés pour discrimination à l'entrée, à la suite d'une opération de *testing* menée par *SOS Racisme* en 2005. Cette grande opération menée à l'échelle nationale dans la nuit du 9 au 10 juillet 2005 dans le but de dénoncer la discrimination à l'entrée des discothèques est reconnue comme preuve en justice et a permis de mener de nombreuses actions contre les établissements incriminés. Le *testing* consiste à présenter à l'entrée des établissements nocturnes des jeunes d'origine maghrébine ou africaine puis d'autres d'origine européenne, se présentant dans des conditions similaires et habillés de la même manière, afin de prouver une éventuelle sélection sur des critères raciaux.

Piste 13 - Activité 6C

Journaliste : Une amende de 3 000 euros a été requise jeudi contre les physionomistes de quatre discothèques du quartier des Champs-Elysées, jugés pour discrimination à l'entrée, à la suite d'une opération de *testing* menée par SOS Racisme en 2005. Cette grande opération menée à l'échelle nationale dans la nuit du 9 au 10 juillet 2005 dans le but de dénoncer la discrimination à l'entrée des discothèques est reconnue comme preuve en justice et a permis de mener de nombreuses actions contre les établissements incriminés. Le *testing* consiste à présenter à l'entrée des établissements nocturnes des jeunes d'origine maghrébine ou africaine puis d'autres d'origine européenne, se présentant dans des conditions similaires et habillés de la même manière, afin de prouver une éventuelle sélection sur des critères raciaux.

Experte interviewée : La discrimination est malheureusement un délit très difficile à prouver car il relève d'un critère subjectif et variable : dans certains contextes ce sont les personnes d'origine étrangère qui vont être victimes de discrimination, parfois ce seront les femmes ou les homosexuels, les vieux… Il y a hélas tant de motifs de discrimination… Dans le cas des discothèques, seul le *testing* nous permet de dire que les motifs donnés par les physionomistes pour refuser des personnes noires ou maghrébines, comme la fameuse « soirée privée », sont en fait des prétextes. Un exemple : Amadou et Tressy - un de nos binômes d'origine africaine- se sont vus refuser l'entrée dans trois clubs testés ce soir-là, sous prétexte qu'ils n'étaient pas sur la liste des invités. Un quart d'heure après, on a envoyé un autre binôme, Cyril et Aude - blancs tous les deux- du même âge, habillés avec les mêmes vêtements, et qui ont été admis sans problèmes dans ces mêmes établissements ! Là, on peut clairement établir la discrimination et entamer une action en justice !

Journaliste : Mais la discrimination à l'entrée de boîte de nuit n'est pas le seul domaine où l'on utilise le test en situation pour prouver les discriminations : recherche d'emploi, accès au logement, acceptation de crédit bancaire, achat de voiture ou comportement des agents des services publics, tous les domaines de la vie quotidienne sont susceptibles d'être testés.

Experte interviewée : Si l'on suspecte une discrimination à l'embauche, par exemple, on enverra deux CV équivalents, comportant une formation et une expérience professionnelle similaire, mais en variant l'élément à tester : le sexe, l'âge, l'origine. On pourra ainsi établir ou non une possible discrimination selon les réponses à ces candidatures.

Journaliste : Et n'oubliez pas que si vous vous sentez victime de discrimination, de nombreuses organisations, comme SOS Racisme, le MRAP, le Collectif Homoboulot, sans oublier bien sûr Le Défenseur des droits, peuvent vous venir en aide. Vous retrouverez toutes les adresses utiles sur le site de notre émission.

UNITÉ 6

Piste 14 - Activité 1A

Louise : Ben moi j'ai arrêté l'année dernière, en début d'année. L'école, ça a toujours été super dur pour moi… de me concentrer, rester assise, faire les devoirs, tout ça… Alors l'entrée en seconde, ça a été le déclic, j'ai vraiment vu que je voulais pas continuer, mais en fait je savais pas non plus trop quoi faire, alors je me suis dit que j'allais prendre un an, pour y réfléchir… Mais en fait je sais toujours pas trop quoi faire, du coup je reste à la maison, je regarde la télé, je surfe sur Internet, tout ça… et je me sens super seule parce que tous mes amis, ils sont toujours au lycée et moi je me sens… heu… exclue, en fait… maintenant je voudrais revenir au lycée je crois, mais je sais pas trop comment parce que c'est pas possible de me réinscrire et du coup je sais pas ce que je vais faire à la rentrée… Si j'avais su… des fois je me dis que j'aurais dû réfléchir avant d'arrêter et aller jusqu'au bac au moins, parce qu'on pense toujours qu'on sera plus libre après l'école mais c'est pas vrai…

Saïd : Ben moi en troisième comme j'avais déjà redoublé deux fois, ils ont voulu m'orienter en CAP maçonnerie, comme ça… genre : « il est mauvais élève, il vient d'un quartier défavorisé, il peut pas continuer l'école, alors il va faire maçon. » Mais moi, je leur ai dit que je voulais pas faire maçon, je l'ai vu bosser, mon père et avoir la vie dure, justement pour que ses enfants ils aient plus d'opportunités et une meilleure vie. Mais quand t'es fils d'immigré et que t'es pas bon à l'école, tu fais maçon, et puis c'est tout ! Je me souviens que j'étais vraiment dégouté, alors j'ai tout arrêté et j'ai quitté l'école ! Et finalement, ça m'a plutôt bien réussi ! Avec un pote qui dessine on a commencé à avoir l'idée de monter un *business* de T-shirts sur mesure et ça fonctionne plutôt bien pour le moment. Ah ouais, c'est beaucoup de boulot, et moi, j'aurais vraiment voulu faire des études, surtout pour faire plaisir à mon père, mais bon, ma boîte, c'est ma revanche à moi : ça veut dire que même si on vient d'un milieu modeste et qu'on a pas eu la chance de faire des études, eh ben on peut quand même réussir !

Léo : pfff… moi franchement l'école ça a jamais été mon truc. Apprendre des trucs qui servent à rien dans la vie, les maths, la géo, tout ça… tu l'utilises jamais dans la vie de tous les jours ! Rester des heures à faire des exercices pour savoir si le train arrive à telle heure et je sais pas quoi… Moi je préfère travailler avec mes mains, fabriquer des choses, et puis me sentir utile. Alors quand j'ai eu mes 18 ans, j'ai lâché l'école et je suis parti 6 mois au Togo faire un chantier humanitaire. C'était génial ! Là-bas on faisait vraiment des choses utiles, concrètes, pas du blablabla dans le vide. Par contre, on travaillait avec des ingénieurs sur des plans, et là j'aurais bien voulu avoir mieux suivi mes cours de maths et de physique parce qu'on devait faire plein de calculs, et puis voir les dimensions, les matériaux… Et puis on faisait des ateliers, on touchait un peu à tout. C'est là que j'ai découvert ma passion pour le travail du bois. Alors quand je suis rentré, je me suis inscrit dans une formation professionnelle de menuisier et c'était super. J'ai suivi une formation en alternance donc t'as quelques cours, mais tu travailles en même temps, et ça, c'est super. Maintenant j'aimerais bien me spécialiser en menuiserie d'art et continuer à travailler avec les gens que j'ai rencontrés au Togo… on verra…

Piste 15 - Activité 5A

Une autre école est-elle possible ? Ennui, échec scolaire, décrochage, violences… De l'école primaire au lycée, les critiques sur l'école publique pleuvent et de plus en plus de parents cherchent une solution alternative pour l'éducation de leurs enfants. Et ces solutions existent ! Elles sont même beaucoup plus nombreuses que l'on croit. Il y a d'abord des écoles faisant partie du réseau public mais appelées «expérimentales» car basées sur un système pédagogique différent. C'est le cas par exemple des lycées autogérés créées par des enseignants et des jeunes en rupture avec le système éducatif traditionnel et qui y ont cherché une alternative. Les élèves sont libres de fréquenter les cours mais sont sollicités pour participer activement à la vie de l'établissement et à toutes les décisions concernant celui-ci. C'est une alternative appréciée des jeunes en situation de décrochage scolaire et qui n'arrivent pas à s'intégrer dans les structures d'enseignement traditionnelles.

On trouve également les écoles basées sur la pédagogie Freinet, du nom de son inventeur, Célestin Freinet. Cette pédagogie est basée sur l'entraide, la coopération entre les élèves et le développement de leur autonomie. Elle met l'accent sur la libre expression des enfants et s'organise autour d'un projet collaboratif commun. Autre pédagogie très connue, celle créée par la pédagogue italienne Maria Montessori, est une méthode d'éducation ouverte qui repose sur l'éducation sensorielle de l'enfant. Cette pédagogie a connu un franc succès et on trouve aujourd'hui aussi bien des crèches que des écoles, des collèges ou même des ateliers Montessori, en France et dans le monde entier. Et puis, bien sûr, en dehors de l'école il reste la possibilité de pratiquer le *homeschooling*, c'est-à-dire l'école à la maison. Si cette forme d'éducation alternative est particulièrement développée dans les pays anglo-saxons, les Français y ont de plus en plus recours ces dix dernières années : niveau insuffisant de l'enseignement scolaire, mauvaises conditions d'études ou tout simplement désir de respecter la liberté et l'épanouissement de l'enfant ; les motivations ne manquent pas pour les familles qui ont fait ce choix. Les parents sont totalement libres de choisir les méthodes d'enseignement qui leur conviennent, mais la loi exige cependant que tout enfant non scolarisé ait acquis les connaissances inscrites dans le *Socle commun des connaissances et compétences.**

*Le document du ministère de l'Éducation qui présente ce que tout élève doit savoir et maîtriser à la fin de la scolarité obligatoire.

UNITÉ 7

Piste 16 - Activité 1B

À bas l'oligarchie, vive la démocratie !
Les médias sont partout…   l'information nulle part !
Pas besoin de travailler PLUS, besoin de travailler TOUS !
Journaliste : Plusieurs centaines d'«Indignés» ont manifesté ce samedi 17 septembre après-midi à Paris, place de la Bastille. Ce mouvement de contestation a débuté en Espagne et a été relayé ensuite en Grèce et dans de nombreux pays, dont la France, où les mobilisations parisiennes ont débuté le 19 mai. Nous sommes allés à la rencontre de quelques uns de ces jeunes – et moins jeunes – qui, en hommage à l'ouvrage de Stéphane Hessel « *Indignez-vous !* », ont adopté le nom d'«Indignés».

Manifestant 1 : « Nous sommes un mouvement pacifique, citoyen, qui a envie de faire bouger les choses. On en a marre de subir la crise, le chômage, tout ce que nous impose le système capitaliste. Ce système économique ne fonctionne pas, les gens en ont assez !… On s'adresse au peuple et on lui demande de se réveiller ».

Manifestant 2 : « On demande la paix, la paix sociale, économique et morale. Les banquiers ont provoqué la crise et maintenant c'est le peuple qui en fait les frais ! C'est inadmissible ! Il faut que ceux qui ont provoqué la crise soient ceux qui en paient les conséquences ».

Manifestant 3 : « On en a marre de voter pour des gens qui une fois au pouvoir oublient pourquoi ils ont été élus et ne défendent pas les intérêts de leur population ! On veut que nos gouvernements soient plus respectueux des peuples qu'ils représentent et que la démocratie soit réelle, que nos voix comptent vraiment ».

Journaliste : Le cortège a réuni plusieurs centaines d'Indignés européens, principalement Espagnols, qui appellent à manifester à Bruxelles lors d'une grande journée d'action européenne le 15 octobre.

Piste 17 - Activité 5A

1 : « Moi, je comprends que les enseignants défendent leurs conditions de travail, mais il faut être un peu réalistes : dans la société actuelle, entre les vacances, la sécurité de l'emploi et les salaires, ils sont tout de même drôlement privilégiés par rapport aux autres professions. »

2 : « Ça ne peut plus durer ! À chaque rentrée, des postes supprimés, de plus en plus d'élèves par classe. On ne peut pas laisser nos enfants étudier dans ces conditions »

3 : « Et nous, parents, qu'est-ce qu'on fait de nos enfants pendant ce temps ? Ils sont gentils, les profs, mais moi j'ai déjà dû demander trois jours de congés pour rester à la maison m'occuper des enfants pendant que leurs profs sont en grève ! »

4 : « Moi, je ne comprends pas tous ces gens qui se plaignent en permanence. À la moindre tentative de réforme, c'est la grève ! Il faut bien que l'école évolue et il y a vraiment beaucoup de choses à revoir ».

5 : « Ils ont raison, on ne peut pas laisser tout faire, mais les méthodes devraient aussi évoluer. La grève, la manifestation… C'est bien, mais c'est d'une autre époque ! Il faudrait penser à d'autres moyens d'action pour gagner l'appui de l'opinion publique »

UNITÉ 8
Piste 18 - Activité 2B

Présentatrice : Il avait déclaré : « Sur ma tombe, à la place des fleurs et des couronnes, apportez-moi les listes de milliers de familles, de milliers de petits enfants auxquels vous aurez pu donner les clés d'un vrai logement ». L'abbé Pierre – de son vrai nom Henri Grouès - est mort à l'âge de 94 ans, le 22 janvier 2007, il y a 5 ans aujourd'hui. De nombreux événements auront lieu dans toute la France pour honorer sa mémoire. Écoutons Patrick Doutreligne, délégué général de la Fondation Abbé Pierre, au micro de Marion Debail.

● **M.D :** Patrick Doutreligne, qui est pour vous l'abbé Pierre ?
○ **P.D :** C'est un homme juste, un homme de bien qui a mis sa vie au service des autres, un homme qui s'est indigné face à une situation et qui s'est donné les moyens de réagir pour la changer. Un homme engagé contre les injustices de tout ordre. D'ailleurs, Pierre, c'était son nom de résistant, c'est celui qu'il a gardé.
● Engagé contre les injustices et surtout pour les plus démunis…
○ Oui, bien sûr, si on le connaît c'est avant tout en tant que fondateur de la communauté d'Emmaüs, en 1949.

Au départ, c'était juste une petite auberge à Neuilly-Plaisance, et aujourd'hui c'est un mouvement présent dans 36 pays ! En fait c'est en 1954, après son célèbre appel sur Radio Luxembourg, que le mouvement a pris une véritable ampleur au niveau national. Avant, l'organisation se finançait exclusivement par la vente d'objets de récupération et à partir de ce moment, Emmaüs a commencé à recevoir des millions de francs de dons.
● Je crois qu'il y a même eu quelques donateurs célèbres ?
○ Oui, le don le plus important à l'époque a été celui de Charlie Chaplin qui a donné deux millions de francs de l'époque, en disant « je ne les donne pas, je les rends » ! Mais ce qui a été le plus important suite à cela, c'est que le gouvernement a adopté la loi sur la trêve hivernale, qui interdit les expulsions de logement de personnes pendant l'hiver.
● Oui, parce que le combat de l'abbé Pierre concernait principalement le logement …
○ … les inégalités sociales en général… ., mais c'est vrai que ce combat passe en grande partie par l'accès au logement. Une des premières actions d'Emmaüs a d'ailleurs été la construction d'abris provisoires pour les sans-abris. C'est cette voie que suit depuis bientôt 20 ans la Fondation abbé Pierre.
● On connaît moins cette Fondation, pouvez-vous nous dire quelle est sa mission ?
○ La Fondation abbé Pierre pour le logement des défavorisés est une fondation membre d'Emmaüs International et d'Emmaüs France, reconnue d'utilité publique et fondée en 1992. Notre combat principal est l'accès au logement car pour nous, avoir un toit est un besoin vital, au même titre que la nourriture ou la santé. L'objectif de la Fondation est donc d'agir pour que les plus défavorisés trouvent à se loger dignement quel que soit le montant de leurs ressources.

Piste 19 - Activité 7B

Les sanglots longs
Des violons
De l'automne
Blessent mon cœur
D'une langueur
Monotone.
Tout suffocant
Et blême, quand
Sonne l'heure,

Je me souviens
Des jours anciens
Et je pleure.
Et je m'en vais
Au vent mauvais
Qui m'emporte
Deçà, delà,
Pareil à la
Feuille morte.
Paul Verlaine

UNITÉ 9

Piste 20 - Activité 1B

Nous sommes très fiers de l'entrée de Bordeaux sur la prestigieuse liste du Patrimoine mondial, aux côtés de plus de 800 sites à travers le monde, distingués pour leur «valeur universelle exceptionnelle». Ce résultat est le fruit d'un travail entamé en 2003 par la ville, en concertation avec ses partenaires locaux, l'État et les différentes instances nationales et internationales. C'est la reconnaissance de la valeur et de l'unité patrimoniale de notre ville, exemplaire par l'unité de son expression urbanistique et architecturale, qui n'a connu pratiquement aucune rupture stylistique depuis deux siècles. C'est également l'aboutissement d'un travail concrétisé par le ravalement des façades, l'aménagement des quais de la Garonne, la mise en service du tramway alimenté par le sol, la requalification des espaces urbains avec la volonté de protection et de mise en valeur du patrimoine bordelais. L'originalité de la démarche tient dans l'importance du périmètre classé. Bordeaux est le premier ensemble urbain distingué sur un périmètre aussi vaste et complexe. La qualité de «patrimoine mondial» génère naturellement un intérêt du grand public pour lequel cette distinction est gage de qualité. L'inscription de notre ville au titre du patrimoine mondial est donc un enjeu économique majeur pour nous et nous sommes convaincus qu'elle génèrera une augmentation très importante des visiteurs, un accroissement de la fréquentation des lieux culturels et patrimoniaux, mais également des hôtels, restaurants et commerces.

Piste 21 - Activité 3A

Témoin 1 : Moi, ce que j'aime surtout en vacances, c'est me reposer, la plage, les cocotiers, les destinations lointaines. L'année dernière, je suis allé au Mexique, sur la côte Caraïbe, c'était fantastique, la mer bleue, le sable blanc… le farniente total !

Témoin 2 : Moi je ne me considère pas comme une touriste, mais comme une voyageuse. Si je vais dans un pays étranger, c'est pour le connaître. Et connaître un pays, c'est avant tout partager le quotidien de la population locale, sa manière de vivre, sa cuisine… D'ailleurs, à la fin de mes études, je suis partie en Amérique du Sud avec mon sac à dos. J'étais partie pour 6 mois et finalement, j'y suis restée presque 2 ans !

Témoin 3 : Nous, on est une famille nombreuse, alors, les voyages, on ne peut pas trop se les permettre… Mais par contre, ce qu'on a fait l'année dernière, c'est d'aller tous à Paris passer un week-end pour voir l'exposition « Picasso et les maîtres ». Il y avait énormément de monde, mais ça valait la peine !

Témoin 4 : Moi je suis un grand amoureux de la nature, alors quand je choisis une destination, je regarde toujours les possibilités de promenades, de randonnées, l'accès aux sites archéologiques aussi… Oui, ça c'est quelque chose qui me plaît beaucoup, tout ce qui a trait à l'histoire. Beaucoup de gens disent que ce n'est que de la vieille pierre mais moi, je trouve ça fascinant qu'on puisse voir encore aujourd'hui ces traces de notre passé.

Piste 22 - Activité 6A

La confrontation entre Picasso et ses maîtres est le grand événement artistique de l'année. Cette exposition, qui associe pour la première fois le Louvre, le musée d'Orsay et les galeries du Grand Palais, trace des parallèles entre les maîtres qui ont inspiré le peintre espagnol et ses toiles, composant ainsi une relecture majeure de l'histoire de la peinture. Toutefois, le point fort de cette exposition est sans aucun doute la démonstration de son hypothèse de départ : Picasso est devenu l'artiste que l'on connaît en puisant constamment dans l'histoire de l'art. Dans son panthéon artistique, on retrouve des maîtres comme Goya, Le Greco, Poussin, Ingres, Delacroix ou encore Gauguin que vous pourrez observer dans les salles A et B.
Un des moments forts de ce parcours est la rencontre historique entre l'*Olympia*, de Manet, l'une des icônes du musée d'Orsay, et la célèbre *Maja nue*, de Goya, spécialement venue du musée du Prado malgré les difficultés logistiques que cela a pu représenter.
Le choix thématique permet de bien comprendre les mécanismes de l'inspiration du peintre. Alors que d'autres artistes copient, plagient ou pastichent, lui s'approprie,